MA CUISINE

L'auteur et les éditeurs se réservent le droit de traduction et de reproduction à l'étranger.

Cet ouvrage a été déposé au ministère de l'intérieur (section de la librairie) en mars 1890.

PARIS. TYP. E. PLON, NOURRIT ET Cie, RUE GARANCIÈRE, 8.

MA CUISINE

PAR

C. ASSEROLETTE

(Mᵐᴱ E. SERVIE)

PARIS

LIBRAIRIE PLON

E. PLON, NOURRIT ET Cⁱᵉ, IMPRIMEURS-ÉDITEURS

RUE GARANCIÈRE, 8.

A Mademoiselle A. DANIELS

MA CUISINE

INTRODUCTION

LETTRE PREMIÈRE

Vaugelas n'apprend point à bien faire un potage,
Et Malherbe et Balzac, si savants en grands mots,
En cuisine, peut-être, auraient été des sots.
(Molière.)

Ma chère enfant,

Je me rends à ton désir et te dédie ces quelques lettres sur un art que Carême a nommé le cinquième des beaux-arts. Tu es une trop belle et bonne Française pour dédaigner une de nos qualités nationales que je n'ai rencontrée, malgré les racontars, ni en Angleterre, le pays prétendu pratique et confortable, ni en Allemagne, le pays de Charlotte et des tartines de beurre. La Française est la seule femme au monde qui puisse s'aventurer en robe de soie dans la cuisine, sans être bardée du tablier que les autres tachent, ou des bouts de manches qu'elles salissent, parce qu'elle est la plus dextre et la moins pédante des ménagères. Elle apporte dans les petits soins de l'intérieur la légèreté, l'air de n'y pas toucher dont le ciel l'a douée.

Un célèbre gourmet que mon père a connu, le marquis de Cussy, lui disait : « La femme française a été créée par Dieu pour présider à la cuisine. » Son petit nez fin, son palais délicat que les meilleurs vins, les fruits les plus variés et les plus excellents de son pays ont exercé depuis l'enfance, se prêtent à souhait à la fonction de professeur ès gastronomie et de docteur ès cuisine qu'elle n'a garde de mépriser, son éducation lui ayant appris qu'elle est trop haut placée dans l'échelle féminine pour se croire abaissée en s'adonnant aux petits soins de la maison. Elle les élève à elle, au contraire, en en prenant l'intelligente direction.

Les chroniques de la cuisine nous disent que des femmes illustres de toutes les époques n'ont pas dédaigné de s'occuper de la table. On cite l'élégance des banquets qu'ordonnait Cléopâtre. L'histoire dit que le talent d'assaisonner les mousserons valut à Agrippine l'empire qu'elle eut sur son époux. Et, pour te faire des citations d'une époque moins éloignée, je te nommerai une élégante du dix-septième siècle, Mme de Sablé, qui s'occupait sérieusement de bonne chère et qui nous a légué les recettes de pâtisseries portant son nom et divers excellents plats sucrés.

Les *côtelettes à la Maintenon* ont peut-être plus fait que la politique pour seconder auprès du grand Roi les projets de domination de cette dame. Ces côtelettes de veau en papillotes défendaient l'estomac royal contre les mauvais effets de la graisse, et son maître prouva qu'il n'était pas ingrat. Mme de Conti, connaissant la gourmandise du Roi, inventa le carré de mouton à la Conti, piqué de lard, d'anchois et d'ail (en daube), pour soustraire son frère et son mari au ressentiment de Louis XIV.

La princesse de Soubise donna son nom à la purée d'oignons, qui sert de lit aux fines côtelettes de mouton, et son succès inspira à la duchesse de Mailly l'immortel gigot à la Mailly.

Nous te savons, chère amie, adroite à tous ouvrages de femme, bonne musicienne, et ton instruction ne laisse rien à désirer. J'approuve cette éducation solide et aimable. Elle ne produit, au dix-neuvième siècle, ni pédantisme ni lourdeur dans le pays du champagne, du bourgogne, du bordeaux, du cognac !

Avec Molière, « je consens qu'une femme ait des clartés sur tout », mais de ce tout je ne voudrais pour rien au monde retrancher les soins de la cuisine, parce que, vois-tu, petite, je te le dis à l'oreille pour que les hommes ne l'entendent pas, j'ai déjà trouvé de ces messieurs, les uns peu amateurs de musique ou de sciences, les autres grands contempteurs de l'instruction des jeunes filles, mais je n'en ai jamais rencontré qui aient fait fi d'un bon plat. J'en connais quelques-uns, et même des plus éminents, qui se réunissent volontiers autour d'une bonne table présidée par une adroite maîtresse de maison, laquelle, rentrant les griffes de son savoir pour n'être jalousée de personne, ne laisse voir de ses talents que ceux dont « ces messieurs » ne contestent pas la valeur, ceux devant lesquels ils ne peuvent empêcher leur bouche de s'ouvrir pour... prononcer des éloges, à quelque Église politique, scientifique et littéraire qu'ils appartiennent.

Il ne faut pas dire : « Affaires de cuisinière ! » La bonne cuisinière est un meuble coûteux. Les ménages simples doivent renoncer à la trouver toute faite. Il est rare d'en découvrir une *honnête* et *capable*. Si, dès l'abord, tu n'es pas apte à la dresser, à lui donner un conseil habile et pratique, si tu hésites ou si tu te trompes, tu es perdue ! Elle se croira si bien ta supérieure, en cet art délicat et envié de gouverner, — fût-ce la cuisine, — que tu deviendras son esclave, parce que tu n'oseras la changer si elle est habile, et sa victime si c'est une gargotière et que tu ne la puisses éduquer. Ainsi, félicite-toi d'avoir une amie très pratique qui veut bien s'aventurer en ta faveur du côté du fourneau, où elle expérimente encore une fois la bonté des théories bien simples qu'elle va t'envoyer.

Je ne t'adresserai point de recettes espagnoles ou polonaises, point de formules compliquées de pâtisseries qu'on se peut procurer partout et à meilleur marché que chez soi (sauf quelques tartes de ménage), ou de confitures qui ratent, de sirops qui sont comme des gelées délayées, de liqueurs qui sentent la pharmacie ou de conserves qui se moisissent. Mais je te parlerai de bonne cuisine, simple, facile, à la portée de tous.

Je l'appellerai « MA CUISINE », parce que c'est ma cuisine de tous les jours, comme tu appelles « ma robe de *tous les jours* » ce joli costume simple, bien taillé et coquettement ajusté dont la bonne coupe fait valoir au centuple la simplicité de l'étoffe. Ma cuisine ne nécessite pas un *cordon bleu,* ainsi nommé parce que ledit cordon sert à la suspension de l'*anse du panier* appendu au bras de toute grande cuisinière. Une maîtresse de maison imbue de mes bons principes, — si je les appelle bons, c'est qu'ils sont simples et d'exécution facile, — sera capable d'avoir chez elle une cuisine variée, soignée et appétissante à enchaîner toutes... les bouches, y compris celle de son seigneur et maître.

Tu m'as dit, alors que tu berçais ta poupée, que nulle autre que toi n'aurait jamais le soin de la nourriture de tes bébés. N'oublie pas le plus vieux d'entre eux, celui qu'on nomme le mari. De bon lait aux petits, de bons plats au grand. Il faut être, si tu veux m'en croire, bonne nourrice pour les deux. Je t'en fournirai le moyen dans mes lettres : le profit que tu en tireras te fera passer sur leur aridité.

C. ASSEROLETTE.

LETTRE II

LE DÎNER MANQUÉ

Le pot-au-feu. — Mets historiques. — Pâtes d'Italie et autres agréments du potage : nouilles, veloutés, purées de légumes, potages divers. — Poisson : comment on reconnaît qu'il est frais. — Le court-bouillon. — Les sauces : sauce blanche, sauce brune, sauce hollandaise, sauce béarnaise. Rôle de la farine et de la gelée dans les sauces.— Le jambon chaud. — Les épinards, l'oseille, la chicorée. — Emploi de la graisse et du beurre. — Le rôti. — Four, broche, rôtissoires diverses. — Gâteau au riz. — Caramel. — Anecdote du Célestin.

> N'est point amphitryon qui veut,
> Car il ne suffit pas d'être millionnaire ;
> Le véritable amphitryon
> Est celui chez lequel on dîne,
> Qui, des gourmets à fond connaissant la doctrine,
> Choisit son monde et fait aux amis invités
> Et de son accueil enchantés,
> Faire chère excellente et fine.
>
> (De Fos.)

Depuis ma dernière lettre, ma chère

petite amie, j'ai dû remplir une corvée bien dure à digérer : prends le mot à la lettre. J'ai été obligée d'accepter à dîner chez les D...

Leur situation de fortune leur permettait, sans nous offrir un repas de Lucullus, de nous mieux traiter.

Si la maîtresse de la maison avait été plus experte en l'art de la gastronomie, sans augmenter le prix de son menu, elle aurait pu le modifier, et, en tout cas, en surveiller l'exécution de manière à nous faire passer quelques bons moments. Mais comment jouir de la conversation des gens aimables, invités en mon honneur, pendant que mon palais endurait mille supplices ? Mon esprit aurait-il pu se réjouir pendant que mon estomac était à la torture ? Tout d'abord, j'avalai en silence et en détournant les yeux un tapioca épais, constellé de petits points noirs qui y nageaient et tournoyaient comme des vibrions. Le fond du potage n'était cependant pas mauvais. Le *pot-au-feu* avait « souri » et non bouilli pendant les six ou sept heures obligatoires. Les quatre litres d'eau pour quatre livres de viande avaient été additionnés d'un petit morceau de pied de bœuf qui l'améliorait, de légumes abondants : carottes, navets, poireaux, panais, la petite branche de céleri, clou de girofle planté dans l'oignon, et même une tomate, en relevaient le goût. La viande, mise à l'eau froide, n'ayant pas été saisie, avait donné tout son suc. La vieille et inutile coutume d'écumer le pot-au-feu ayant été délaissée, la soupe contenait sa partie la plus nutritive. Les premières cuillerées à pot du bouillon, celui où surnage la graisse, avaient été mises de côté pour dégraisser nettement le potage. On s'applique à cette opération afin que le lendemain la graisse, figée, s'enlève facilement et garantisse le bouillon du jour suivant de l'affreux goût que lui communique la graisse réchauffée. Je devinai qu'une cuisinière paysanne connaissant bien son « *pot* » l'avait presque mené à bon port; mais, ignorante de l'usage des pâtes, elle en avait fait un emploi maladroit. L'intervention effective ou sous forme de conseils de la maîtresse de maison avait manqué à ce moment délicat, et le potage était gâté!!!

Il me semble que notre hôtesse, pour nous éviter un aussi vilain préambule, aurait pu, sans déchoir, accorder quelques instants aux petits soins de la cuisine. Elle ne s'y serait pas déjà rencontrée en si mauvaise compagnie : Louis XVIII fut bien l'auteur et le parrain du potage à la Xavier. Charles X composa les ris de veau à la d'Artois avec son cuisinier.

Sénac de Meilhan inventa la soupe aux œufs pochés, Albéroni la soupe au fromage, et Stanislas, roi de Pologne, le baba. On raconte même que le monarque détrôné, passant un jour par Châlons, s'arrêta dans une auberge et y confectionna une *soupe à l'oignon* de ses mains royales. On en a conservé la recette ; la voici : le Roi grilla d'abord des tranches de pain, puis il les beurra et les remit au four. Il fit frire des oignons de belle couleur en les remuant toujours, versa de l'eau sur le tout, et le laissa mitonner un quart d'heure.

Quand tu m'accuserais d'outrecuidance, je te confesserais pourtant que je crois avoir perfectionné ce potage royal en le liant avec une boulette de beurre roulée dans la farine et en le blanchissant avec un verre de lait et des jaunes d'œufs mis au fond de la soupière, au moment de servir.

Madame D... aurait dû indiquer à sa cuisinière qu'il faut d'abord filtrer le bouillon à travers une fine passoire de toile métallique, et ensuite qu'une faible cuillerée à dessert par convive suffit pour faire les potages au tapioca, au sagou, à la semoule, au vermicelle, au gluten, au riz, à toutes les pâtes d'Italie en général. Une cuisinière de campagne ne sait généralement pas s'en servir. Il fallait surtout lui dire qu'après une ébullition de dix minutes, quand le tapioca attend au coin du feu sa mise en soupière, il se forme au-dessus une peau qu'il faut soigneusement écumer, sans quoi, brisée et émiettée, elle trouble le potage d'abord, ensuite les yeux et l'estomac des convives.

Le bon aspect des mets est de moitié dans leur excellence : « Le sens de la vue doit soutenir le sens du goût. »

O puissance de la routine ! pourquoi

donne-t-on si communément cette soupe gluante appelée tapioca, quand pour agrémenter le bouillon on peut soi-même faire de si bonnes petites choses : les carrés à la reine, les fines nouilles fraîches, les veloutés, les tartines grillées, les légumes en julienne ou en purée, les œufs pochés ou émiettés, les aiguillettes de macaroni au fromage, etc., etc. ?

Rien de plus simple qu'un *velouté !* On prend pour six personnes deux belles cuillerées à bouche de fleur de riz délayée dans un demi-bol de bouillon froid. On verse d'abord ce mélange dans le bouillon en ébullition et ensuite dans une soupière au fond de laquelle on a mis deux jaunes d'œufs et un demi-verre de crème.

Pour faire des petits *carrés à la reine,* on beurre un moule, on y met quatre œufs entiers battus, mêlés à une quantité de bouillon tiède égale à leur volume, sel, poivre, un peu de muscade râpée. On place le moule six minutes au bain-marie et cinq minutes au four. On démoule la pâte et on la découpe en petits carrés qu'on jette dans la soupière.

On fait aussi un bon *potage d'œufs émiettés* en en mélangeant deux (blanc et jaune) avec une cuillerée de farine, délayée à froid dans un demi-verre de bouillon. On verse ce mélange dans le liquide en ébullition, et il forme au bout de cinq minutes de petits grumeaux irréguliers, d'un goût agréable et qui n'altère pas celui du bouillon. Pour *pocher des œufs*, il suffit de les casser *très près* du liquide bouillant et en plusieurs fois, afin qu'ils ne se gênent pas. Il les faut laisser cuire le temps nécessaire pour que le blanc durcisse et que le jaune reste mollet.

Les *aiguillettes de macaroni*, les *nouilles* et le *riz* se cuisent dans un peu de bouillon *à part* pour ne pas troubler la soupe, où on ne les introduit qu'au dernier instant. On sert à table, en même temps, une assiette de fromage de gruyère râpé.

Les *nouilles fraîches* sont incomparablement meilleures que le vermicelle et n'aigrissent pas le bouillon comme celui-ci. On les coupe très fines pour le potage, et plus larges pour les sauter au beurre et au fromage en guise de macaroni. On creuse un trou dans le milieu d'un petit tas de deux cent cinquante grammes de farine ; on y verse un quart de verre d'eau, un peu de sel, trois œufs, et l'on pétrit; puis on aplatit bien la boule de pâte (avec un rouleau enduit de farine), de manière à en former une ou deux grandes feuilles minces, qu'on laisse sécher une heure. Alors on saupoudre ces feuilles de farine, on les plie en plusieurs doubles et l'on y découpe les bandelettes de nouilles qu'on déplie et qu'on laisse sécher encore jusqu'au moment de s'en servir.

Deux poignées de petits pois ou de haricots verts recoupés donnent bon goût au potage. Des carottes bien cuites, ou des légumes du pot-au-feu, se tamisent et font une *purée* légère qu'on ajoute au bouillon avec très peu de tapioca pour lier.

Dans la *soupe aux choux,* on ajoute aux légumes ordinaires quelques pommes de terre, des haricots secs et des choux coupés en quatre et blanchis longtemps à part. Le petit salé remplace avec avantage le bœuf, si on l'aime dans la soupe aux choux ; mais l'été cette soupe s'aigrit vite.

Les *purées de légumes* se font au gras ou au maigre. Les os de boucherie, les reliefs de rôti les bonifient beaucoup.

Il faut tamiser les légumes bouillis à l'eau ou au bouillon, les assaisonner et les lier avant de les éclaircir dans la casserole. Les purées les plus classiques sont : *la purée de pommes de terre aux poireaux, la purée de lentilles à l'oseille, la purée de pois verts,* dite *à la Chantilly,* celles de *haricots blancs* aux croûtons frits et *le Saint-Germain,* purée de pois cassés ou de fécule de pois délayée à froid (celle-ci est plus fine), semée de pois verts, de croûtons frits ou de petites branches d'estragon. Toutes ces soupes se finissent avec un morceau de beurre frais qu'on jette dans la soupe au moment même de servir.

Mais je retourne chez les D... Pendant la tournée des hors-d'œuvre (radis, beurre, sardines, artichauts à la poivrade, huîtres marinées, etc.), passés de mode en général, mais que j'apprécie encore à la campagne et surtout en prévision d'un dîner un peu douteux, je me réjouissais d'assister à l'entrée d'un beau poisson que j'avais vu le matin dans les filets d'un vieux pêcheur, *les écailles brillantes, les ouïes saignantes et l'œil clair et luisant*. Souviens-toi de ces marques de la fraîcheur du poisson. Mais, patatras! il nous arrive sur la table une bête éventrée, massacrée, comme si elle fût tombée sous les coups d'une mitrailleuse, au lieu d'avoir tout bonnement été tirée... de l'eau.

Hélas! le poisson n'avait pas été mis *à froid* dans le *court-bouillon*, comme je le fais, avec du vin blanc pur additionné d'aromates et de sel, court-bouillon qu'on remet en bouteille bouchée et qui peut resservir. On avait plongé la pauvre bête dans un liquide bouillant, et elle avait éclaté en dix endroits, car *le poisson doit mijoter et non bouillir*. (!!)

« La sauce fait passer le poisson », dit

le proverbe populaire. Plût au ciel qu'il en eût été ainsi !

O *sauce blanche !* écueil des cuisinières naïves, que de fraudes gastronomiques on commet en ton nom ! Celle qu'on nous présentait, ma chère amie, aurait pu lutter avec la colle de pâte dont se servent les afficheurs pour fixer les papiers aux murailles. Laissons-la à ces gâte-sauce de la politique !

Il est singulier que l'emploi discret de la farine soit chose si mal définie et que les petites cuisinières ignorent toutes l'art de la dissimuler avec soin. Pour y parvenir, il la faut délayer à l'eau froide, la faire cuire longtemps (vingt à trente minutes, suivant la quantité de sauce blanche) et la tamiser à travers une passoire fine, comme d'ailleurs *n'importe quelle sauce chaude doit être passée.* Retiens cet avis important : il n'y a pas de sauce homogène, liée et nette, lorsque la farine cuite longtemps n'a pas été finement tamisée ; élégante sauce chevreuil ou sauce Périgueux, humble sauce brune du haricot de mouton ou sauce blanche des familles, toutes doivent traverser le tamis : sans cette précaution, elles restent grossières et grumeleuses; c'est l'école primaire par laquelle tout le monde doit avoir passé.

Lorsqu'on veut avoir une bonne *sauce blanche ordinaire* qui n'absorbe pas une grande quantité de beurre, comme la *sauce hollandaise*, désespoir de la ménagère économe, il faut délayer à froid deux ou trois cuillerées à bouche de très belle farine de gruau avec deux verres d'eau légèrement salée. Il faut faire cuire cette bouillie demi-claire vingt minutes au moins, en commençant par la tourner. On la tamise bouillante, presque au moment de servir, et l'on y ajoute, en tournant toujours et *sans la remettre au feu,* du beurre divisé en petits morceaux. Si la bouillie n'était pas très chaude, le beurre ne fondrait pas, et si on le remettait au feu, le beurre *cuit* tournerait en huile, ferait des yeux sur la sauce et la borderait d'un filet gras désagréable à la vue autant qu'au goût.

Au fond d'un saucier on met alors un jaune d'œuf et l'on verse la sauce dessus, en continuant à la remuer. On ajoute une pincée de poivre blanc et de sel.

La *sauce hollandaise* se fait avec le beurre le plus fin, le seul propre à la confection d'une vraie hollandaise. On écrase trois jaunes dans un bol avec une pincée de sel fin, une de poivre blanc et une ou deux cuillerées à café d'eau. On met le bol dans un bain-marie pas trop chaud; on ajoute aux œufs, en les tournant constamment, des petits morceaux de beurre qui se transforment à mesure en crème. C'est une véritable mayonnaise où l'huile est remplacée par le beurre. Cette sauce doit être demi-consistante. Si elle était trop légère, *par un petit malheur imprévu*, il faudrait y incorporer une ou deux cuillerées à soupe de bouillie tamisée, comme celle que je t'ai indiquée tout à l'heure, et qui l'épaissirait.

La *sauce béarnaise*, qu'on sert avec le filet de bœuf grillé ou rôti, est identique, sauf qu'on l'éclaircit un peu avec de la gelée et un coulis très condensé composé d'un verre de vin blanc dans lequel ont cuit des oignons, de l'ail, de l'échalote et des aromates, et qui s'est réduit à deux cuillerées à bouche de jus. Mais je reviens à mon dîner !

Un jambon chaud, entouré d'une grosse sauce brune, suivit les restes méconnaissables du malheureux poisson. Cette sauce aurait pu figurer à Sparte comme brouet noir. Toujours l'abus de la farine, dont il ne se faut servir qu'à dose homéopathique et sans en exagérer le roussissement. Elle ne doit être considérée que comme liaison, tantôt pour servir de fond à une sauce, tantôt pour venir à son secours si elle est trop claire. En ce cas, on en manie une cuillerée à dessert avec du beurre, et l'on plonge cette boulette, dite *liaison*, dans les sauces en ébullition. Ou mieux encore, on dissout une cuillerée à dessert de fécule délayée à l'eau froide, que l'on verse dans la sauce à épaissir ; mais il faut remarquer que, si la fécule cuit trop longtemps, elle s'éclaircit et perd sa qualité liante. On réduit aussi quelques sauces en prolongeant et activant leur cuisson, à casserole découverte et après avoir retiré les viandes qu'elles sont destinées à accompagner.

La véritable manière d'obtenir des *sauces brunes* légères, fines et cependant onctueuses, c'est de les composer avec de la gelée de viande, ou encore avec de l'extrait Liebig. Je t'enseignerai comme on fait chez soi l'indispensable fond de cuisine appelé *jus, glace de viande* ou *gelée,* au lieu d'acheter tout fait, sous le nom de « *brun de fruitier* », un produit fabriqué avec de la colle de poisson colorée.

La base de toute sauce brune digne de figurer à une table honnête est un *roux* léger, c'est-à-dire de la farine roussie au beurre chaud et additionnée de toute la gelée nécessaire. Celle qu'on nous présentait chez nos amis sous le nom de *sauce madère* avait le goût mauvais du vin qui n'avait pas cuit assez longtemps dans la sauce que je viens de te décrire.

Le *jambon* qui y baignait n'avait pas

au préalable cuit *sa demi-heure traditionnelle* par livre, dans un court-bouillon mi-parti vin blanc, mi-parti bouillon fortement aromatisé de thym, laurier, poivre et girofle. Les épinards qui flanquaient le tout étaient grossièrement hachés, comme ceux qu'on achète tout faits chez les crémiers, tandis que pour se procurer de bons *épinards,* on doit leur enlever d'abord la côte du milieu ; puis, une fois blanchis à l'eau bouillante, ils s'égouttent et s'écrasent avec un pilon de bois, non pas à travers une passoire à gros trous, mais à travers un fort tamis de crin ou de toile métallique. Alors ils sont délicats comme une crème ; on y introduit une petite liaison ; on les mouille de gelée pour accompagner la viande, ou de crème s'ils sont au maigre. Dans l'un ou l'autre cas, on n'y incorpore le beurre qu'au moment de servir, sans qu'il retourne fondre en huile sur le feu. Voici la deuxième fois que je te fais cette recommandation, et elle s'applique à *l'emploi du beurre* en général et *spécialement à son usage dans les légumes.*

L'oseille et la *chicorée cuites* se traitent de la même manière que les épinards.

La *graisse,* à la différence du beurre, a besoin de rester longtemps au feu pour perdre un goût qu'il faut dissimuler. On l'emploie avec avantage pour accommoder les viandes cuites à la casserole, les choux, la choucroute, les soupes dites maigres, et qui sont cent fois meilleures au gras, malgré le préjugé parisien contre la cuisine à la graisse. C'est ainsi que, dans le bouillon de bœuf, le beurre n'aurait aucun emploi, cette soupe nationale, très favorite, est veloutée par le gras fondu de la viande; aussi les amateurs de soupe ont-ils conclu qu'en faisant cuire longtemps la graisse comme on le fait pour le pot-au-feu, on donnait aux soupes maigres le moelleux de la soupe grasse.

La graisse que j'emploie est celle du rognon de veau; je la fais hacher et fondre lentement ; avant qu'elle refroidisse, j'y verse un quart de son poids d'huile fine, afin qu'elle durcisse moins.

Applique, jeune ménagère, la cuisine au gras à tout ce qui mijote longtemps, comme le bœuf à la mode, le veau à la casserole, le civet de lièvre. Ton budget et ta cuisine y gagneront. Le plus difficile est de faire comprendre à ta cuisinière, si elle est du Nord surtout, que la petite quantité de beurre est toujours submergée dans la quantité plus grande de graisse que toute viande rend en cuisant, et que le beurre ainsi recuit perd ses qualités. Comprends-le pour elle.

Je passe sous silence le *rôti* qui nous fut servi ce jour néfaste. On l'avait enduit de beurre au lieu de l'oindre de graisse de rôti, et il nageait dans un océan de bouillon décoré du titre usurpé de jus!

Tout rôti qui n'est pas cuit à la broche n'est encore un rôti passable qu'à la condition que la cuisinière soit initiée à des petits trucs que je vais t'enseigner. Laisse-moi te dire avant tout que le maître rôtisseur est un feu de bois clair, vif et qui se transforme en brasier ardent. La fumée, ou plutôt le fumet léger qui sort de la flambée de bois, communique un goût délicieux aux pièces rôties. L'air libre qui circule autour de la viande la sèche légèrement au dehors. Tout le jus se concentre à l'intérieur, et elle se revêt d'une croûte dorée. On l'arrose fréquemment: d'abord avec deux ou trois cuillerées à bouche de bouillon ou d'eau salée, qui empêchent la lèchefrite de brûler, et ensuite avec son propre jus, qui ne tarde pas à couler. On sale et poivre le rôti pendant qu'il tourne. On allonge légèrement son jus, s'il vient à trop dessécher, en ayant soin de détacher à mesure le gratiné du fond de la lèchefrite, ce qui donne du corps au jus. Mais *l'addition du liquide se doit faire avec discrétion, et jamais au dernier instant.* Les empoisonneuses seules ajoutent du bouillon à foison au moment de servir.

Malheureusement, ce n'est plus qu'à la campagne que l'on rencontre encore la classique cheminée à rôtir.

Lorsqu'on ne possède pas *la rôtissoire au charbon de bois* dite « *cuisinière* », ce qui, après la flambée à l'âtre, est encore un bon moyen de rôtir les viandes et la volaille, et lorsqu'on n'a pas l'excellente *rôtissoire à gaz,* que je considère comme le meilleur ustensile pour suppléer à la flambée, il faut se résigner au four.

C'est ici qu'il faut suivre mes instructions à la lettre, sous peine de manger un rôti de gargote.

La plupart des cuisinières posent sur un plat de terre la pièce beurrée et assise dans l'eau ; puis elles enfournent et ferment hermétiquement la porte du four.

Premier inconvénient : le rôti s'humecte de sa propre vapeur, baigne dans l'eau, s'amollit, s'affadit et arrive décoloré et tremblant sur la table, comme honteux du mauvais accueil que lui feront les gourmets.

Deuxième inconvénient : le plat de terre, imbibé de corps gras et constamment remis au four, communique à la sauce un horrible goût *sui generis.* Ce n'est plus du rôti, c'est de l'étuvée.

Remédie à ces inconvénients en te servant : 1° d'un plat de cuivre ou de fer-blanc étamé ou émaillé ; 2° en plaçant entre le susdit plat et la pièce à cuire une espèce de gril de sa forme; de cette façon le rôti ne baigne pas dans son jus, il en est isolé ; 3° laisse la porte du four légèrement entr'ouverte, ou fais-y pratiquer un trou pour que la vapeur s'en échappe et que l'air libre y pénètre.

Il se fait à présent *un tournebroche qu'on place dans le four ardent*. C'est le dernier perfectionnement du four. Maintenant, je t'ai mise au courant des tours de main propres à te faire manger les meilleurs rôtis.

Le dîner s'est terminé par l'exhibition de *légumes verts* qui étaient bien des légumes, mais qui n'étaient pas verts du tout, parce que la cuisinière ne les avait pas cuits à l'eau salée bouillante, et qu'elle n'avait pas maintenu sa haute température tout le temps de l'ébullition. L'addition d'une pincée de bicarbonate de soude eût rendu l'eau des légumes plus *cuisante* et les légumes plus tendres.

Enfin, pour couronner le tout, *un gâteau de riz* qui pouvait à juste titre passer pour un boulet de canon, à cause de sa dureté et de son enveloppe noire de caramel brûlé.

Ce plat sucré de famille peut être très bon ou très commun, suivant qu'il est fait ou non dans les règles et proportions. Pour dix convives que nous étions, il eût suffi de faire cuire cinq cuillerées à bouche de beau riz de la Caroline dans du lait déjà bouilli à l'avance. Cette cuisson préalable est nécessaire pour empêcher qu'il ne tourne, une fois mêlé aux autres ingrédients, ce qui est une perte désagréable. Cinq grands verres de lait, dix morceaux de sucre moyens, un demi-bâton de vanille cuisent avec le riz *sans qu'on le tourne plus d'une fois*, de peur de le brûler. Alors on retire du feu le riz au lait ; on y incorpore *pendant qu'il est encore chaud, mais non bouillant,* cinq jaunes d'œufs et cinq blancs battus en neige. On verse le mélange dans un moule caramélé, et l'on fait cuire de trente à quarante minutes au bain-marie (c'est-à-dire dans l'eau chaude).

Pour caraméler le moule, on y met la valeur de six à huit morceaux de sucre écrasé et à peine mouillé. Placé à feu vif, il fond rapidement et brunit. Il ne faut pas attendre que la coloration passe au brun foncé pour retirer le moule du feu et le tourner en tous sens, de façon que le sirop en enduise les parois aussi bien que le fond.

Le caramel blond, refroidi, ressemble à

une mince couche de sucre d'orge et permet au gâteau d'être facilement démoulé. Le moule qui n'est que beurré ne donne pas au gâteau un aspect aussi appétissant. Une crème à la vanille, dite sauce anglaise, se sert autour du gâteau au riz et de celui à la semoule. Je t'en donnerai la recette un autre jour. Un sirop de confitures de groseilles et de rhum peut remplacer cette crème.

Je passe sous silence encore la fin de ce mauvais dîner : fruits humides et mal choisis, dessert mal assorti, café froid.

Les maîtres de la maison, qui avaient la prétention pendant le repas de causer esthétique et choses de goût, me remettent dans l'esprit une petite anecdote que je te veux conter pour te faire avaler le récit de mon piteux dîner.

Au dix-huitième siècle, un religieux, homme d'esprit, aide un frère cuisinier aux Célestins à composer un livre de cuisine. Il dit dans sa dédicace qu'on a tort d'appeler gens de bon goût ceux qui se connaissent en bonne musique ou en bons tableaux ; que ces gens-là sont tout au plus des gens à bonnes oreilles et à bons yeux ; mais qu'il n'y a de *bon goût* qu'à se connaître en ragoûts. Le religieux avait raison, au moins grammaticalement, et là-dessus, ma chère petite amie, je t'embrasse et te dis : A bientôt.

LETTRE III

LE DÎNER MAIGRE

Conservation du beurre frais. — La friture. — Sauce verte. — Temps nécessaire pour faire cuire les rôtis. — Homard à l'américaine et écrevisses à la bordelaise. — Les cinq cuissons du poisson : frit, bouilli, grillé, au gratin, en matelote. — Moules, coquillages. — Sauce mayonnaise ; remède quand elle tourne. — La maître d'hôtel. — Sauce crevettes. — Sauce génevoise. — Légumes frits. — La pâte à frire. — La crème en petits pots. — Crème au café, à la vanille, au chocolat. — Crème anglaise. — Œufs à la neige. — Comment on remédie aux crèmes tournées. — Ile flottante. — L'aiguière substituée aux rince-bouche. — Histoire des curés de Coulevey.

> L'appétit est le plus grand des ingrats : plus vous faites pour lui, plus tôt il vous abandonne.
> Marquis DE CUSSY.

MA CHÈRE AMIE,

J'arrive de basse Normandie, où je suis allée faire visite à ma vieille tante L...

N'était la promesse que je me suis faite de ne t'écrire que dans un but purement utilitaire, j'aurais une belle occasion de te faire des descriptions de ce plantureux pays. Les pâturages y sont merveilleux ; aussi les vaches y abondent et fournissent des quantités énormes de beurre dont on a le tort d'abuser là-bas. Les rôtis y nagent ; les légumes et les ragoûts en sont submergés. Et ce beurre est confectionné avec des crèmes vieilles de plusieurs jours. Il n'est pas suffisamment pétri et lavé, de sorte que le petit-lait qu'il contient encore le fait rapidement rancir. Les gens du pays ne semblent pas, comme nous, craindre cette âcreté. Pour l'éviter, j'ai enseigné à la cuisinière de la maison à *relaver le beurre dans plusieurs eaux, à le fouler dans des bols de porcelaine et à renverser lesdits bols sur des assiettes creuses pleines d'eau.* De cette façon, le beurre est isolé du contact de l'air et de l'eau. Il ne devient pas fort comme lorsqu'on le couvre d'une couche d'eau ; il faudrait la renouveler deux fois par jour pour qu'il ne rancisse pas.

Sous l'influence de ma petite leçon, la cuisine s'est subitement améliorée, et je puis dire qu'on m'a fait faire grande chère à Coulevey.

Le vendredi surtout m'a réservé d'étonnantes surprises. Il y avait eu, ce jour-là, une cérémonie locale à l'église, et, après la messe, plusieurs prêtres des environs sont venus déjeuner, ce qu'on appelle dîner là-bas. Deux potages maigres, tous les hors-d'œuvre maigres, tous les poissons, crustacés et coquillages, toutes sortes de légumes et de plats de laitage ont concouru à ce repas, auquel on ne pouvait reprocher qu'une fatigante surabondance.

J'ai jeté mon dévolu sur le *potage à la*

bisque, dont je t'envoie la recette d'après Vuillemot, le grand cuisinier, ami d'Alexandre Dumas père, propriétaire de l'*hôtel de la Cloche* à Compiègne (où le célèbre romancier écrivit son *Monte-Cristo*), plus tard patron de la *Tête-Noire*, à Saint-Cloud, puis du grand restaurant de France, à Paris, quartier de la Madeleine. (Vuillemot collabora au fameux dictionnaire de cuisine d'Alexandre Dumas.) « Lavez cinquante écrevisses, jetez-les dans une casserole garnie d'un émincé de carottes et oignons, un bouquet, sel, poivre, piment en poudre. Mouillez avec une cuillerée à pot de consommé (ou de bouillon maigre pour le vendredi). Après la cuisson, retirez la chair des queues, coupez-la en dés et mettez-la à part. Faites crever un quart de riz au consommé ou à l'eau, ajoutez-le aux ingrédients précédents avec les carapaces. Mouillez et passez le tout à l'étamine. Ajoutez à la purée le bouillon de vos écrevisses. Tournez sur le fourneau avec une cuiller de bois. Retirez avant ébullition et enlevez la pulpe de votre purée. Ajoutez-y un morceau de beurre frais. Mettez le tout au bain-marie. Jetez-y vos queues coupées, des croûtons passés au beurre. Versez dessus la partie claire réservée et servez chaud. » L'autre soupe maigre était destinée aux estomacs qui redoutent les ardeurs de la bisque. C'était un *potage à l'oseille*. Malheureusement, il était trop clair. *Il eût fallu y faire bouillir, jusqu'à entière dissolution, un morceau de pain* gros comme le poing. Cette manière de paner les soupes maigres en général leur donne du corps et du velouté. De plus, il aurait fallu blanchir la soupe à l'oseille, c'est-à-dire *la verser dans la soupière en la tournant sur deux jaunes d'œufs et sur un morceau de beurre frais : ceci est un principe général qui s'applique à presque tous les potages maigres.* On nous servit ensuite des œufs à toutes sauces : les œufs brouillés aux pointes d'asperges, les œufs pochés à la sauce tomate, les œufs frits au beurre noir, etc.

Cela me remet en mémoire l'histoire d'Ésope. La connais-tu ? Son maître lui avait commandé un repas composé de « tout ce qu'il y a de meilleur », et Ésope ne présenta que des langues, accommodées de cent façons, il est vrai. Aux reproches que son maître lui adressa, l'esclave répondit : « J'ai servi ce qu'il y a de meilleur. La langue n'est-elle pas l'organe de l'orateur, du philosophe, du philanthrope, etc. ? » Et comme, un autre jour, le maître lui ordonna de préparer ce qu'il y a de plus mauvais, Ésope servit des langues derechef, « car, dit-il, la langue est la pire des choses quand on en fait mauvais usage. Elle sert à mentir, à calomnier, à disputer », et ainsi de suite.

Puis arrivèrent des soles frites à la Colbert. Ah! la friture! Brillat-Savarin aurait pu, en l'honneur des aptitudes instinctives qu'il faut pour l'exécuter et de sa difficulté réelle, modifier son dicton : « On devient cuisinier, mais on naît rôtisseur », et dire : « Mais on naît friturier. » Il y a *des règles fixes pour les rôtis. Ils doivent cuire à feu vif un quart d'heure par livre pour les viandes noires* (filet de bœuf, gigot de mouton), *une demi-heure par livre pour les viandes blanches* (veau, porc frais). Mais pour la *friture,* on n'a pas de mesure exacte ; il la faut juger à sa mine. Elle demande un feu clair et qui n'enflamme cependant pas l'intérieur de la poêle. Il la faut chaude, et si elle l'est trop, elle brûle les pâtes ou les poissons. Si elle ne l'est pas assez, tout ce qu'elle contient en sort pâle, mou et graisseux. Il la faut très abondante, sans quoi les choses frites l'absorbent : contenue dans un vaste récipient pour que les objets ne s'y touchent pas, et modérée en son ardeur dès que les mets qu'on lui confie ont été saisis. Tout le mérite de la friture, dit l'illustre Brillat-Savarin, déjà cité, provient « de la surprise ». Au moyen du saisissement, une croûte se forme qui contient l'objet, empêche la graisse de le pénétrer et de l'imbiber.

Pour s'assurer de son degré de chaleur, on y jette une gouttelette d'eau qui éclate si elle est à point, puis une mouillette de pain qu'elle doit dorer et non noircir.

Le beurre n'est pas une bonne friture. L'huile est la meilleure. Un mélange de graisse fondue de rognon de bœuf et de rognon de veau est de beaucoup supérieur au saindoux communément employé.

Tout objet frit doit être enlevé de la poêle avec l'écumoire, et déposé un instant sur une serviette grossière pour s'égoutter parfaitement, être orné ensuite de persil frit et accompagné de citron. On roule les pièces dans la farine avant de les frire. Il faut qu'elles soient sèches et croquantes. J'aime fort la sauce mayonnaise pour accompagner et relever le goût des cervelles frites, des anguilles frites, des restes de volaille, etc. Un monde, la friture !

Mais pour en revenir aux *soles Colbert*, une fois sorties de la poêle et séchées, on leur fend le côté et l'on y introduit *une maître d'hôtel,* c'est-à-dire du beurre écrasé à la fourchette, salé, poivré, parsemé de persil haché très fin et de quelques gouttes de citron. *Jamais cette sauce ne doit aller au feu.*

Je ne puis énumérer tous les poissons

chauds et froids qui ont défilé devant nous. Ces derniers étaient accompagnés d'une *sauce verte*. Cette sauce est composée d'un fond de moutarde (la plus commune est la meilleure et le meilleur marché) sur lequel on délaye de l'huile d'abord, puis du vinaigre, du sel, du poivre et une grande quantité de fines herbes (estragon, pimprenelle, cerfeuil, sans dédaigner une pointe de ciboulette).

Les homards à la bordelaise ou à l'américaine, comme tu voudras, ont fait leur entrée triomphante au milieu d'une sauce victorieuse. J'avais assisté à la mort cruelle de ces excellents crustacés. On les tranche tout vifs par anneaux; on divise leur tête en quartiers; on place toutes ces parties, recouvertes de leur carapace, — en conservant soigneusement l'eau qui en sort, — dans une casserole foncée d'une couenne de lard, d'une quinzaine d'oignons pelés et revenus, d'une pointe d'échalote et d'ail, d'un *bouquet garni* (c'est-à-dire *thym, laurier, persil*), d'une forte pincée de quatre épices, d'un atome de poivre de Cayenne et d'une demi-bouteille de vin blanc.

Au bout d'un quart d'heure, le homard, qui depuis longtemps a cessé de souffrir, est cuit; on le retire. On fait un roux qu'on mouille avec toute sa cuisson. On y ajoute de la gelée de viande, ou une bonne cuillerée à café d'extrait Liebig. On laisse cuire à fond les oignons dans ce jus, on les pile, on passe cette sauce au tamis, et, au moment de servir, on y mêle un flacon de tomates ou une sauce faite de tomates fraîches bien épicée. La sauce du homard à l'américaine doit être assez consistante et fort enragée. C'est la même qui accompagne les *écrevisses à la bordelaise*, qui, elles, n'exigent que cinq à six minutes de cuisson.

Il va sans dire qu'au dernier instant on réchauffe dans la sauce, pendant une minute ou deux, le homard, la langouste ou les écrevisses.

Le jour de ce dîner, je me convainquis plus que jamais que chaque genre de poisson se doit accommoder de la façon qui est la plus propre à faire ressortir ses mérites particuliers.

Je divise les manières de cuire le poisson en cinq : bouilli, grillé, frit, gratiné et en matelote.

Si tu m'en veux croire, laisse principalement le court-bouillon au turbot, à la barbue et à la truite (saumonée ou non). Les poissons bouillis, qu'on goûterait les yeux fermés, se distingueraient peu les uns des autres ; j'ai vu tenir et gagner ce pari. Le poisson cuit au court-bouillon n'a été inventé, dirait-on, que pour faire valoir une bonne sauce, par ex. : la hollandaise, qu'on baptise du nom de *sauce crevettes* lorsqu'on y a mis une pointe de carmin pour la rosir et quelques queues de crevettes épluchées. La *sauce génevoise* accompagne moins souvent aujourd'hui qu'autrefois le poisson *cuit au bleu,* c'est-à-dire bouilli. Elle n'est qu'une sauce matelote bien tamisée.

Fais griller les *tranches de saumon* et celles du *thon,* en ayant soin de bien chauffer le gril auparavant; l'*alose,* qu'on sert avec une purée d'oseille; le *maquereau* (à la maître d'hôtel); le *hareng frais,* qu'on entoure d'une sauce moutarde chaude; les *royans* et les *sardines* (pendant une ou deux minutes seulement); le *mulet,* qu'on *farcit à Bordeaux* d'un bon hachis de lard, de jambon fumé, de mie de pain trempée dans du bouillon, de fines herbes hachées et de verjus dans la saison, le tout bien épicé. On met, si l'on veut, le poisson à la broche et on l'arrose de lard fondu et de citron. — Garde la matelote pour la *carpe*, le *brochet*, l'*anguille*, le *poisson de rivière*. — Fais frire le *goujon*, l'*éperlan*, le *petit merlan*, la *petite sole*, la *limande*, le *carrelet*. Mets au gratin le *gros merlan* et la *sole moyenne*. Découpe encore les *filets* de cette dernière pour les faire *à la normande*, c'est-à-dire, après les avoir blanchis, couvre-les d'une sauce hollandaise garnie de moules, d'huîtres, de crevettes, de champignons et de croûtons. Ces filets se mettent aussi en timbale ; mais, lorsqu'on les présente sur un plat, ils ont meilleur aspect roulés sur eux-mêmes à l'aide d'un fil qu'on détache en servant. On surmonte chaque filet roulé d'un champignon ou d'une truffe, et l'on place au milieu du plat un petit cube de pain anglais rissolé dans lequel s'implantent des allumettes sans soufre, qui elles-mêmes empalent des crevettes. Ces crevettes ont la queue épluchée et les barbes en l'air.

Une matelote de maquereau fut servie en entrée. Les poissons accommodés de la sorte sont coupés en tronçons, et on les met dans la sauce dès qu'elle est préparée. Elle se compose d'un roux mouillé de vin rouge et de bouillon, maigre ou gras, suivant le jour; on y fait cuire quinze à vingt petits oignons préalablement revenus, des champignons épluchés, des épices, un bouquet garni, une échalote, un peu de glace de viande; un quart d'heure avant de servir, on verse deux ou troits petits verres d'eau-de-vie dans la matelote et l'on y met le feu.

C'est à Coulevey que j'ai vu pour la première fois des *clovis*, coquillages qui ressemblent au colimaçon; on les arrache de leur coquille avec une épingle pour les manger, et des *tourteaux*, sortes d'araignées de mer qu'on fait mourir en les plongeant à l'eau douce pendant quatre heures, et qu'on cuit ensuite vingt-cinq minutes à l'eau bouillante salée. On les mange froids. Ils contiennent une manière de moelle fort bonne qui ressemble un peu au foie gras.

On nous a encore servi des moules avec une excellente liaison de crème.

Pour que les *moules* ne fassent pas de mal, tu apprendras qu'il les faut soigneusement laver et brosser à grande eau, puis les faire ouvrir à sec, dans une poêle mise à feu doux. Alors on jette le côté vidé de la coquille; on en retire avec attention de petits crabes très indigestes. Puis on fait un blanc. *Le blanc est une cuillerée de farine revenue dans du beurre blond qu'on ne chauffe pas jusqu'au roux.* On y ajoute de l'eau; on l'épice fortement. Dans le Midi, on y met un hachis d'ail et du persil ; dans le Nord, du persil et un verre de crème au moment de servir. En tout cas, on laisse cuire quelques oignons revenus dans la sauce, et c'est dans cette sauce qu'on met les moules pendant un quart d'heure à casserole close. Ainsi faite, cette sauce a nom *à la marinière*. Lorsqu'on la lie avec un jaune d'œuf et un peu de fécule, la sauce est dite *à la poulette*.

On nous servit ensuite une salade de légumes frais, assaisonnée d'une bonne *sauce mayonnaise*, à l'huile d'olive bien fine, n'ayant pas ce goût âcre que le public attribue au fruit, et qui n'est dû qu'au rancissement des *huiles inférieures*, huile de noix, huile d'œillette, lesquelles ne peuvent vieillir sans se gâter, tandis que l'huile d'olive pure se conserve très longtemps douce. — Sur deux jaunes d'œufs bien frais, il faut verser *goutte à goutte* l'huile fine, qu'on écrase avec une cuiller posée un peu à plat. Il faut de la patience et de la fraîcheur pour réussir cette sauce. Par les temps chauds, on place le vaissseau dans lequel elle se fait au milieu d'une jatte d'eau froide, et on ne le touche pas avec la main de crainte d'en échauffer les bords. Lorsqu'on a une quantité de sauce suffisante et de consistance dure, on y ajoute, goutte à goutte également, le vinaigre, qui la blanchit et l'éclaircit un peu ; du sel, du poivre, et de la moutarde, si de la *mayonnaise* on veut faire une *rémoulade*.

S'il arrivait, au cours de sa confection, que la *sauce tournât,* c'est-à-dire qu'au lieu de prendre de la consistance elle s'éclaircît brusquement (avant l'incorporation du vinaigre toutefois), on s'en resservirait pour en recommencer une autre sur des jaunes d'œufs nouveaux. De cette façon, rien ne serait perdu, la sauce tournée remplaçant avec avantage l'huile nouvelle, à cause de l'œuf qu'elle contient. Il est d'ailleurs rare que l'accident se produise quand on prend les précautions que j'indique.

Parmi les légumes servis, je ne te citerai que les *pommes de terre à la crème*, c'est-à-dire à la sauce blanche additionnée de crème et d'un filet de citron, les *salsifis* et les *artichauts frits*. Après qu'on a gratté et blanchi les uns, tranchés en quatre, et également blanchi les autres, on les trempe dans une pâte claire et on les fait frire. La *pâte à frire* se prépare une heure à l'avance.

On met dans une terrine de porcelaine quatre cuillerées à soupe de farine. On verse dessus, en tournant, deux jaunes d'œufs, une cuillerée à café d'huile d'olive, un petit verre d'eau-de-vie, une pincée de sel, et l'on ajoute de l'eau tiède jusqu'à ce qu'on obtienne une bouillie demi-consistante ; alors, au moment même de se servir de la pâte, on l'éclaircit un peu, en y introduisant un blanc d'œuf battu en neige ferme et qu'il ne faut pas trop abattre. Les légumes, les poissons, les cervelles, les restes de volaille revêtus de cette pâte doivent sortir blonds et croquants de la friture, être égouttés à la passoire, poudrés de sel fin et asséchés sur un linge blanc.

Aux légumes ont succédé, dans ce festin de province qui a duré plus de trois heures, toute espèce d'entremets sucrés. On a servi, à la petite table de la jeunesse, des œufs à la neige et des petits pots de crème au chocolat. Ces deux plats doux sont un peu passés de mode, mais ils font toujours la joie des enfants.

Je vais, pour *toute sorte de crèmes*, te donner *une proportion* à laquelle tu pourras toujours te rapporter :

Pour un bon verre de lait, il faut deux morceaux de sucre scié (soixante morceaux à la livre) et un œuf.

Pour huit à dix personnes, tu prendras un litre et quart de lait, soit environ cinq verres, tu le feras bouillir à l'avance, car s'il tournait, il serait désagréable de le perdre une fois mêlé aux œufs, au sucre et à la vanille. Si tu veux faire une crème à la vanille, mets à bouillir dans ton lait le tiers d'un bâton de ce condiment, fendu et effilé, pour qu'il communique tout son goût.

Si tu préfères une crème au café, verse dans le lait un demi-verre de café très fort. Si c'est au chocolat que tu la veux, concasse deux ou trois tablettes de chocolat. Il ne devra faire qu'un bouillon ou deux au plus dans le lait pour y fondre. Tu mettras le sucre dans la proportion indiquée, soit dix morceaux, et moins s'il s'agit du chocolat, qui est déjà doux par lui-même. Alors tu casseras successivement chaque œuf à part, pour t'assurer de sa fraîcheur, et tu en placeras cinq (blanc et jaune) dans un vase de porcelaine. Verse ton lait dessus en tournant, passe le tout au tamis, mets la crème dans les petits pots et fais-les cuire au bain-marie pendant un quart d'heure. Si tu veux obtenir ce qu'on appelle une *crème renversée,* caramèle un moule de fer-blanc ou de cuivre étamé, emplis-le de crème et introduis-le au bain-marie également pendant vingt-cinq minutes. On reconnaît que la crème est cuite en y plongeant une allumette sans soufre après laquelle elle ne doit pas s'attacher. Il faut manger ces crèmes aussi froides que possible. Elles sont plus fines quand on y met moins de blancs d'œuf; mais, en ce cas, il faut les remplacer par un plus grand nombre de jaunes et les faire cuire un peu plus longtemps, le blanc aidant la crème à prendre.

Une crème anglaise à la vanille ou crème liquide entourant la crème démoulée lui communique un aspect plus élégant. La *crème anglaise* se commence comme la crème renversée indiquée plus haut ; mais au lieu de verser le mélange de lait sucré et d'œufs dans un moule, on le remet dans une casserole à feu doux, en tournant sans cesse, jusqu'à consistance de sirop. Si la crème bout, même une seconde, elle tourne, c'est-à-dire que les œufs saisis y forment des grumeaux. En la précipitant aussitôt dans un vase frais et en la tamisant vivement, on peut encore la sauver, mais pour cela il faut être leste et adroit. Le mieux, c'est de la tourner dès l'abord patiemment et à feu très doux ; c'est long, mais sûr. Plusieurs personnes préfèrent la crème au café et celle au chocolat à l'état liquide ; alors, au lieu de la mettre au moule, il la faut tourner au feu comme la crème anglaise. Cette susdite *crème anglaise* est la base des poudings de cabinet, des fromages bavarois glacés, des charlottes, des œufs à la neige. Pour aujourd'hui, je te dirai seulement la manière de faire les *œufs à la neige*, car ma lettre est longue déjà, comme le terrible dîner de province auquel j'ai assisté à ma grande fatigue. Voici : lorsque ton lait aura bouilli, qu'il sera sucré et vanillé, tu y plongeras, par cuillerées, gros comme le poing de blancs d'œufs battus en neige ferme. Retire ces petits tas de neige, après trois ou quatre minutes de cuisson, avec une écumoire ou cuiller percée, et place-les dans un plat creux. Alors tu verseras le reste de ton lait sur tes cinq jaunes d'œufs mis en réserve, tu tamiseras, tu replaceras le tout au feu et le tourneras pour en faire la *sauce anglaise*, avec laquelle tu couvriras tes boules de neige.

> ... Tant dut coûter de peine
> Le long enfantement de la grandeur romaine !
> (Virgile.)

Pour rajeunir ce plat un peu « vieux style », je fais mettre mes blancs battus dans un moule caramélé. Ils y cuisent sept ou huit minutes au bain-marie, et l'on verse cette *île flottante* sur la crème à la vanille contenue dans la jatte ou dans le compotier.

Ah ! je me le rappellerai longtemps, ce terrible dîner du vendredi, avec ses vingt plats ! Mais ce qui le fixera encore plus dans ma mémoire, c'est la petite aventure arrivée aux prêtres de campagne qui y assistaient.

Chez ma tante, on sert encore, à la vieille mode, des rince-bouche après dîner. Aujourd'hui, on les a remplacés par une aiguière orientale que le maître d'hôtel passe de convive en convive. Il tend au-dessous de vos mains, en les arrosant d'eau tiède parfumée, un léger bassin de bronze dont l'intérieur percé à jour permet au liquide de disparaître dans un double fond. On s'essuie alors les mains à la serviette frangée qu'il porte sur le bras. L'usage de l'aiguière est commun en Orient, où l'on mange encore sans fourchette ; et chez nous, s'il n'est pas indispensable après le dîner, il l'est du moins après les écrevisses à la bordelaise, par exemple, qu'il faut bien de l'adresse pour éviter de toucher avec les doigts.

Lorsqu'on s'essuie les mains à la serviette frangée que le domestique porte sur le bras, on épargne à la sienne l'odeur désagréable du poisson pendant toute la durée du dîner.

Donc, on servait des rince-bouche

Attentifs à ce qu'on allait faire du contenu opalin de ce verre installé dans un bol dont ils ignoraient totalement l'usage, mes prêtres campagnards coulaient un regard inquiet du côté de leur curé métropolitain, décidés à emboîter le pas derrière lui. Aussitôt que celui-ci porta son verre à ses lèvres, mes cinq ecclésiastiques, comme un seul homme, amenèrent le leur à leur bouche et avalèrent d'un trait son eau tiède à la menthe. L'héroïque sourire de satisfaction qui suit le devoir accompli s'esquissait déjà sur leur figure contractée par l'horreur de l'eau tiède ; mais lorsqu'ils virent comment M. le curé du chef-lieu de préfecture manœuvrait la fin de son opération, leurs cheveux semblèrent se hérisser, et leur visage prit une expression si hagarde et si effarée que je me cramponnai au rebord de la table pour ne pas faire chorus avec les fusées de rire qui partirent en bouquet du bout de la table occupé par la jeunesse! Jamais il ne m'a fallu tant de force pour garder mon sérieux, et en t'écrivant je me rattrape, je te l'affirme. Fais-en autant, ma chère petite, la gaieté ouvre l'appétit.

Ton amie.

LETTRE IV

LE ROSCH-HASCHANNAH

Cuisine mosaïque. — Usages israélites. — Potage aux boulettes. — Cornichons à l'eau. — Harengs marinés, salades de concombres, salades de tomates, de betteraves. — Saumon fumé. — Carpe à la juive. — Soins pour empêcher les champignons de noircir. — Poitrine d'oie. — Bœuf et langue salés. — Langue merveilleuse. — Gelée. — Choux et haricots verts à l'alsacienne. — Choucroute. — Schaleth aux pommes. — Pouding Kouguel. — Crèmes sans lait. — Lait d'amande. — Le nez de l'abbé Laroque. — Le Juif polonais et le saumon.

> Le plaisir de la table a seul cet avantage,
> Qu'il est de tout pays, de tout sexe et tout âge.
> B. S.

Les jours de dîner se suivent, mais les religions qui président aux repas et les ordonnent ne se ressemblent pas.

Me voici de retour de mon chef-lieu

très catholique, où l'observance religieuse du maigre a failli me donner une indigestion, et j'arrive ici en plein jour du *Rosch-Haschannah* des Israélites, ce qui veut dire, quoique nous soyons en septembre 1889 de l'ère chrétienne, le premier de l'an 5650. Je suis engagée à dîner chez un Juif alsacien pour célébrer la fête de la création du monde. Il me prévient que je ferai un repas selon la loi de Moïse; comme il ajoute que je n'aurai pas à m'en repentir, j'accepte avec empressement.

Aujourd'hui, la généralité des citoyens français descendant des Hébreux au lieu de descendre plus ou moins des peuples barbares qui envahirent la Gaule après que les Romains l'eurent occupée, la presque totalité, dis-je, de ces Français a délaissé des rites prescrits à seules fins d'éviter des maux d'un autre temps et d'un autre climat. Mais quelques-uns, par révérence filiale pour des croyances que leurs vieux parents respectaient religieusement, consentent encore à se soumettre aux difficiles prescriptions mosaïques. Ils n'y dérogeraient pas, surtout les jours de fête, où un touchant usage oblige tous les membres d'une famille à se rapprocher, et où, suivant un gai poète gastronome,

L'esprit le plus chagrin, l'être le plus rugueux,
Sent à l'aspect des mets que son humeur chancelle.
  Car toujours querelles de gueux
  Se raccommodent à l'écuelle.

Est-ce par horreur du laid ou par hygiène pure que Moïse a proscrit de la table tous les animaux d'aspect repoussant ? Je crois qu'il y a un peu des deux. Tout ce que je puis te dire, c'est qu'outre la bête dont on emprunte le nom pour qualifier les gens malpropres, les écrevisses, les homards, les huîtres, les crabes, les moules, les crevettes, les langoustes, tous ces excellents petits monstres marins sont également exclus de la cuisine israélite par le législateur, sans compter plusieurs animaux ou parties d'animaux considérés comme impurs (*treyfa*).

Le fait est qu'aujourd'hui encore, tout bien considéré, et gourmandise à part, ces variétés gastronomiques sont fortement accusées par la Faculté d'être les causes d'urticaires et d'herpès variés.

Les poissons admis sur la table des orthodoxes doivent être munis d'écailles et de nageoires, par conséquent pas de grenouilles, ni d'anguilles de haies ! Les bêtes de boucherie doivent être saignées et non assommées, pour empêcher sans doute leur prompte corruption, en pays chaud. De plus, un abatteur spécial (*schochet*) les doit soigneusement visiter et constater, par l'apposition de son cachet, qu'elles ne sont atteintes d'aucune défectuosité visible ni d'aucune maladie. Quand elles sont débitées, il les faut purifier, d'abord par un bain d'eau fraîche, ensuite par une ablution de sel. Sous aucun prétexte, elles ne doivent être mélangées au beurre ou au lait, en raison du précepte biblique : « Tu ne feras point cuire le chevreau dans le lait de sa mère », que les interprètes et casuistes pharisiens ont développé à toute outrance, en étendant la défense jusqu'à empêcher de mêler le beurre aux viandes. La Société protectrice des animaux doit verser un pleur d'attendrissement devant cette pensée — j'allais dire humanitaire ! — Bref, il faut que le repas « suivant la loi » (*kascher*) soit composé d'aliments préparés complètement au gras, ou absolument au maigre. La vaisselle, la batterie de cuisine, l'argenterie et jusqu'aux tables de cuisine sur lesquelles se disposent les mets sont classées en : tables pour recevoir les aliments gras, et tables pour recevoir les aliments maigres.

De ce repas traditionnel, je ne citerai que les mets qu'on ne rencontre pas partout et dont quelques-uns apporteraient à notre ordinaire une très agréable variété. Je ne décrirai pas les plats qui sont en tous points semblables à ceux de notre cuisine usuelle.

Bouillon aux boulettes. — Cornichons à l'eau. — Harengs marinés. — Carpe à la juive. — Tranches de saumon fumé. — Poitrine d'oie en rondelles. — Bœuf fumé, dit de Hambourg. — Langue salée. — Salade de concombres. — Choux à l'alsacienne et haricots verts idem. — Schaleth aux pommes. — Pouding dit *Kouguel.*

Les *boulettes* qu'on met dans la soupe sont faites avec cent vingt-cinq à cent cinquante grammes de croûte de pain;

mouillé de bouillon et écrasé; on presse ce pain dans un linge, on le fait revenir dans deux ou trois cuillerées de moelle de bœuf; on retire cette pâte du feu, on la laisse attiédir, on la mêle à deux œufs, sel, poivre et muscade, et l'on en forme des boulettes qu'on roule dans la farine. On passe ces boulettes à la poêle, dans un peu de moelle chaude; et quand elles ont blondi, on les retire pour les mettre, au moment de servir, dans le bouillon.

Les *cornichons à l'eau* ou *concombres verts* se rangent, à la saison, dans un petit baril à cognac, défoncé d'un bout, ou dans de grands pots de terre. On les sale un peu fort; on y met du poivre, de jeunes feuilles de vigne, ou plutôt des vrilles de vigne, des branches de fenouil et un demi-litre de vinaigre environ pour aciduler légèrement les vingt-cinq litres d'eau avec lesquels on recouvre complètement les cornichons. On bouche hermétiquement les vaisseaux pour les rouvrir quand on aura besoin des cornichons (mais pas avant quinze jours). Lorsque le tonnelet est entamé, il faut constamment en faire le plein avec de l'eau fraîche et écumer les plaques blanches qui se forment à sa surface. Ces cornichons n'ont aucun rapport avec les petits cornichons au vinaigre. Ils ne sont pas aigres, ou très peu; ils ont un goût frais et aromatique. Ils forment un très bon condiment pour manger avec la viande et se conservent plusieurs mois s'ils ne sont pas exposés à l'air.

Le *saumon fumé* et la *poitrine d'oie fumée* s'achètent généralement chez des marchands de comestibles alsaciens ou israélites. (Ils sont souvent l'un et l'autre.) Ces hors-d'œuvre se mangent crus et coupés en tranches minces comme du papier de soie.

Les harengs qu'on marine se trouvent

chez les épiciers. Ce sont des *harengs blancs salés*. Il faut les choisir *laités*. On les baigne pendant vingt-quatre heures dans de l'eau fraîche plusieurs fois renouvelée ; on les gratte, on les met dans un bocal bas, avec des rondelles d'oignons crus, des grains de poivre, des clous de girofle, des piments rouges et quelques feuilles de laurier, un peu d'eau et d'huile fine pour les recouvrir seulement. Ils sont bons à manger le lendemain, quoiqu'on les puisse conserver huit jours. Au moment de s'en servir, on en coupe un ou deux en tronçons qu'on place dans un ravier, en y ajoutant la laitance écrasée dans un peu de saumure, quelques gouttes seulement de vinaigre, une petite cuillerée de lait, et l'on passe le tout. Accompagnés à déjeuner de minces tartines de pain bis et de beurre, ils constituent un hors-d'œuvre exquis.

Pour faire des *filets de harengs à l'huile*, on échaude un instant des *harengs saurs*; on les rafraîchit à l'eau pendant six heures, on en retire l'arête, et on les découpe en longs filets qui se conservent dans un flacon d'huile d'olive.

Si tu veux avoir une bonne *salade de concombres* (blancs), découpe-les *toi-même* en rondelles aussi minces et presque aussi transparentes que du papier végétal. Egrène-les autant que possible et place ces tranches sur une passoire. Sale-les un peu fort et pose dessus une petite assiette surmontée d'un poids, afin de leur faire exprimer le plus d'eau possible. Tu assaisonneras ensuite tes concombres comme une autre salade, avec de l'huile et du vinaigre ; ne ménage pas le poivre surtout. Tu feras de même une *salade de tomates ;* elles n'ont pas besoin d'égoutter, mais il les faut bien essuyer avant de les trancher horizontalement ; tu ajouteras à leur assaisonnement un peu de fines herbes hachées. Si tu aimes la salade de *betteraves,* tu en feras acheter de toutes cuites, tu les confiras au vinaigre pur, et au moment de t'en servir, tu y ajouteras l'huile, le sel et le poivre voulus. Ces trois salades sont plutôt considérées comme condiment et se servent dans des raviers.

La *carpe à la juive* réserve aux profanes une surprise aussi agréable qu'inattendue : le poisson se sert froid dans une gelée succulente.

De grosses carpes sont plus appréciées; mais si l'on a besoin d'un beau et grand poisson et qu'on n'en trouve que de demi-grosseur, on use de supercherie ; de deux carpes moyennes on en fait une grande, en supprimant une tête et une queue, attendu que le poisson est coupé en tronçons et rabouti sur un plat avant d'être couvert de sa gelée. On sale une carpe une heure à l'avance, après l'avoir nettoyée et écaillée. On la coupe en tronçons qu'on pose dans une casserole sur un lit de rondelles d'oignons (cinq ou six beaux, aspergés de cinq cuillerées à bouche de bonne huile d'olive). On saupoudre le poisson d'une poignée de farine. On y met sel, poivre, une pincée de quatre épices, un gros bouquet garni, une pointe imperceptible d'ail et d'échalote, et l'on recouvre *exactement* le tout d'eau froide. On pèle des champignons et l'on ajoute à l'assaisonnement leur pelure bien lavée et qui contient beaucoup de parfum et de saveur. Pendant ce temps, les *champignons, pour ne pas noircir,* baignent dans de l'eau acidulée avec du citron et mélangée d'une cuillerée de farine. Lorsque le poisson a cuit doucement pendant vingt-cinq ou trente minutes, on retire ses morceaux et on les dresse sur un plat comme si la bête était entière. On laisse cuire et réduire la sauce encore une heure, puis on la passe au pilon ; on la tamise et on la verse sur le poisson après y avoir fait cuire les champignons pendant dix minutes. Il faut faire ce plat la veille autant que possible, pour que le lendemain la sauce soit bien prise en gelée. Elle doit être relevée, un peu poivrée et assez épaisse pour prendre facilement.

Si les femmes d'Israël avaient fait manger de ce plat à Titus, jamais il n'aurait eu le courage de détruire le temple de Jérusalem !

Lorsque tu voudras imiter chez toi la *viande salée dite de Hambourg*, tu recommanderas à ton boucher de te donner un morceau de poitrine d'un bœuf de forte taille, afin d'avoir le milieu d'une poitrine très épaisse. Cette pièce, qui se vend à bas prix, est cependant l'élément constitutif d'un excellent bouillon ; elle est entrelardée, la viande en est fine et tendre. Il la faut désosser pour la saler.

On place dans un vase très creux (soupière, saladier ou marmite en terre) un morceau de bœuf de trois ou quatre kilogrammes, après l'avoir bien frotté de salpêtre en poudre, pour la valeur de dix centimes (deux onces environ), afin de lui donner une belle couleur de rouge vif. On l'assaisonne de cinq ou six fortes poignées de sel, d'une cuillerée à café de poivre frais moulu et d'un ou deux petits quartiers d'ail. On recouvre la pièce d'une assiette renversée et surmontée d'un poids. On la retourne tous les jours en remettant son poids en place pour que la viande soit bien comprimée dans la saumure. Au bout de quinze jours l'hiver, ou dix ou douze jours par les temps un peu chauds, — il n'en faut pas faire l'été, — on retire le bœuf de son petit saloir. On le ficelle et l'on additionne à une faible partie de sa saumure assez d'eau pour qu'il y cuise doucement comme un pot-au-feu. Au bout de quatre ou cinq heures de lente ébullition, on le retire et on le laisse refroidir. On s'assure qu'il est cuit, soit en vérifiant s'il se laisse aisément traverser par une fourchette, soit en le goûtant; s'il n'est pas résistant, il est suffisamment cuit.

On coupe ce bœuf en tranches minces. On lui laisse sa bordure de gras comme on laisse le lard au jambon. Il se conserve très bien toute une semaine.

La *langue de bœuf salée* se traite de la même manière, mais en réduisant les proportions de la saumure et du temps de la cuisson.

Lorsqu'on a un âtre dans sa cuisine, on

peut fumer les pièces précitées avant de les cuire définitivement ; lorsqu'elles sortent du sel, on les suspend dans la cheminée à un crochet placé assez haut pour qu'elles ne sentent pas la chaleur du feu, mais qu'elles soient atteintes par une fumée que produit la sciure de bois jetée de temps en temps sur le foyer. Une, deux ou trois semaines suffisent à boucaner les viandes, suivant qu'on les aime plus ou moins fumées. Ces sortes de conserves sont d'une grande ressource à la campagne.

J'ai donné le nom de *langue merveilleuse* à une langue salée que je convertis en une véritable petite galantine. Avant de la cuire, je la fends, non de part en part, mais en dessous seulement. J'y range des filets de volaille ou de lapin de garenne, des tranches de jambon, de veau, des lardons, un peu de farce blanche ou de foie de veau pilé : le tout enveloppé dans une barde de lard très légèrement salé et parfumé d'une pointe de girofle et de muscade en poudre, d'un brin de thym pulvérisé et de truffes ou de pistaches, suivant la saison. Je fais recoudre la langue, serrée dans une petite serviette également cousue, et on la cuit à l'ordinaire. Si je veux avoir *une gelée* pour l'entourer, j'ajoute à son bouillon, pendant qu'elle cuit, quelques légumes jaunis de pot-au-feu, un petit morceau de jarret de veau ou cinq cents grammes de gîte de bœuf et un demi-pied de veau. Lorsque la langue est retirée, je jette deux blancs d'œufs en neige dans ce bouillon pour le clarifier, si je le veux blond ; j'y ajoute une boule dite de pot-au-feu, si je le veux brun. Je passe le liquide dans un linge, je le dégraisse et le mets au frais. Le lendemain, la gelée est prise et j'en décore mon plat. En trempant la langue dans la gelée attiédie, elle se trouve enveloppée d'une jolie couche de jus glacé.

Les *choux à l'alsacienne* sont blanchis pendant une heure, hachés menu, bien assaisonnés et mis à la casserole dans de la graisse. Ils doivent demeurer au feu quatre ou cinq heures, en compagnie de saucisses de Francfort, de cervelas sans ail, de jambon fumé et de lard, si l'on ne craint pas de transgresser sur ce point la loi de Moïse et des prophètes. Une heure avant de les servir, on les couronne de pommes de terre pelées, qui cuisent à la vapeur des choux. A force de cuire, ce mets perd ses propriétés nuisibles à la digestion. La *choucroute* se traite de même ; mais avant de l'employer, il la faut successivement laver à l'eau froide et à l'eau chaude, pour retirer son excès d'acidité. Ces lavages remplacent le blanchissage des choux.

A la saison des *haricots verts*, lorsqu'ils sont trop gros pour être sautés, on les étouffe aussi à l'*alsacienne*, c'est-à-dire qu'on les épluche, on les refend, on les met dans de la graisse chaude, où des oignons ont déjà jauni, on sale, on poivre et l'on couvre hermétiquement la casserole. Les haricots mijotent de trois quarts d'heure à une heure; on les couvre de pommes de terre pelées qui cuisent une demi-heure, et l'on sert ces légumes, qui sont fort bons, quoique l'étuvée leur fasse perdre leur belle couleur.

Le *kouguel* est une sorte de plum-pudding rissolé dans un moule, au lieu d'être bouilli à l'eau comme celui des Anglais. Il ne paye pas de mine, parce que, cuisant longtemps, il devient presque noir à l'extérieur. C'est un bon entremets solide. Quand il est fait par les blanches mains de la maîtresse de maison, il m'inspire plus de confiance, car il faut pétrir ensemble : une livre de mie de pain, une demi-livre de farine, une demi-livre de graisse de rognon ou de moelle de bœuf, une livre de sucre pilé ou, préférablement, de cassonade, un quart de raisins secs de Malaga, un quart de raisins de Corinthe bien épluchés, une pincée de sel, trois pincées de cannelle en poudre et deux morceaux de sucre frottés sur un zeste de citron. Une fois toutes ces substances bien amalgamées, on graisse un moule de cuivre étamé, on les y presse, puis on l'enfourne pendant quatre ou cinq heures dans un four de chaleur moyenne, en ayant soin de verser de temps en temps un demi-verre d'eau dans le moule et de le retourner pour que le pudding ne brûle pas. En le servant, on peut l'arroser de rhum, et la maîtresse de la maison l'enflamme sur la table. Il faut servir ce gâteau très chaud et défendre qu'on l'apporte tout en feu. J'ai vu des accidents sérieux se produire en pareil cas. Applique cette observation à l'omelette au rhum. Je vais encore te donner la recette d'un excellent entremets que j'ai mangé ce jour-là. On l'appelle *schaleth aux pommes*. Pour le confectionner, on pèle environ huit belles pommes. On les coupe en rondelles minces ; on les mélange à cinq jaunes d'œufs convenablement sucrés avec sept ou huit cuillerées de sucre en poudre et à autant de blancs fouettés. On ajoute un peu de vanille, découpée finement avec de bons ciseaux, et l'on met le mélange dans un moule huilé où on laisse cuire le gâteau pendant quatre heures environ. Il faut le retourner et le mouiller un peu de temps en temps. On y ajoute de demi-heure en demi-heure une petite cuillerée à café de beurre pour le décoller des parois du moule et lui donner quelque chose d'onctueux. On sert le schaleth chaud. Le lendemain, ses restes froids coupés en tranches sont également bons.

Les Israélites savent faire des crèmes renversées sans lait, soit qu'ils le remplacent par du café assez léger, du chocolat à l'eau ou du lait d'amande. Ils emploient plus d'œufs que nous pour ces crèmes.

A cette occasion, je me souviens justement comment des voisins de campagne, catholiques très pieux, m'ont appris à faire du *lait d'amande;* ils l'employaient pendant la semaine sainte, où, dans leur diocèse, l'usage du lait, du beurre et des œufs était interdit.

Il faut échauder, peler et piler des amandes avec de l'eau dans un petit mortier de marbre ; on exprime alors fortement le liquide à travers une toile claire, et l'on s'en sert comme de lait.

Les dévots, il faut l'avouer, ont une réputation bien méritée de friandise. M'est avis que, de tous les péchés, c'est encore celui-là qui trouvera le plus d'indulgence là-haut, surtout si l'on a la charité de faire profiter son prochain des découvertes qu'on peut faire dans le royaume du *bon mangier*.

D'ailleurs, l'excès en tout porte sa punition ici-bas même. L'abbé Laroque, un ancien aumônier de régiment, un aimable homme et un rude convive, me confessait un jour qu'il avait aimé un peu bien fort la bonne chère. « Croyez, madame, me disait-il, que toutes les punitions n'attendent pas l'autre monde pour éclater sur le pécheur. » Et il me montrait son nez énorme et rubicond. « Ah ! soupirait-il, voilà ce dont m'a affligé mon goût exagéré, — au temps de ma jeunesse, — pour les truffes et le vin fin ! » Et il murmurait paternellement à mon oreille le premier couplet d'une chanson de Jean Le Houx, compagnon d'Olivier Basselin :

Beau nez dont les rubis m'ont cousté maintes pippes
De vin blanc et clairet,
Et duquel la couleur richement particippe
Du rouge et du violet.

Et, ce disant, il avalait le verre d'eau claire qui faisait actuellement partie de son régime plus rigoureux.

Mais il me semble qu'au lieu de te conter l'histoire de mon bon curé de Saint-Ambroise, j'aurais dû te dire quelqu'une des nombreuses anecdotes de Juifs polonais qu'on a racontées le 1er de Tisri à la table des enfants d'Israël. Je n'en ai retenu qu'une, qui confirme mon opinion sur les aptitudes gastronomiques des bons dévots.

Un misérable Juif de Pologne sollicita un jour la charité d'un pieux Israélite. Le mendiant, afin d'attendrir l'homme riche, lui disait qu'il fallait bien régaler sa famille, pour l'amour de Dieu, un jour de fête. Le dévot fut sensible à l'argument du pauvre, et l'aumône fut accordée. Mais quel ne fut pas l'étonnement du bienfaiteur, lorsque, passant devant un restaurant, il vit son mendiant attablé devant un plat de saumon! Entrant brusquement, il dit à l'homme : « Tu ne devrais pas dépenser pour un poisson si cher l'argent que je t'ai donné pour célébrer notre fête et louer Dieu. — Hélas! répliqua le Polonais, j'aime le saumon. Quand je n'ai pas d'argent, je ne peux pas manger de saumon; quand j'en ai, je ne dois pas manger de saumon; quand donc voulez-vous que je mange du saumon pour louer la création du Seigneur, mon bon monsieur? » Le dévot, qui sans doute était quelque peu gourmand, fut touché par l'argument; il commanda d'autre saumon pour que le pauvre diable en pût emporter, régaler toute sa famille et que plus de bouches rendissent grâces au Tout-Puissant.

Adieu, ma chère enfant, je suis bien à toi.

LETTRE V

LES REPAS A LA CAMPAGNE

Les conserves. — Leur emploi. — Conserves de poisson, de homard, de légumes, d'ananas, de plum-puddings. — Sauce sambaglione. — Le confit : d'oie, de porc, de dinde. — Morue sèche. Brandade. — Un mot sur la cuisine des peuples voisins. — Le rosbif à l'anglaise. — Les pommes de terre. — Le macaroni et le riz. — Timbale milanaise. — Sauce tomate. — Poule à la chipolata. — Gigot mariné. — Cèpes. — Fromage à la crème.

Voulez-vous avoir des amis ?
Ayez une table à rallonges.
A table bien servie on en compte beaucoup.

Je t'écris, ma chère petite, de mon domaine des Landes, où je suis arrivée à la mi-septembre, pour faire les vendanges.

C'est en ce pays qu'on est forcé de

déployer des trésors de prévoyance et d'ingéniosité pour être à la hauteur d'une situation terriblement épineuse au point de vue de l'approvisionnement. Mon boucher demeure à dix-huit kilomètres, et mon boulanger à sept. Juge du reste. Aussi, pour parer aux éventualités, suis-je obligée d'avoir dans mon garde-manger quantité de conserves. Sans leur secours, lorsque mes amis les chasseurs me viennent surprendre à l'improviste, je serais très en peine de les héberger confortablement. Et j'aime fort l'hospitalité, surtout celle que j'offre :

. . . .
>Car la table est de l'amitié
>   La plus fidèle entremetteuse :
>Que j'en pourrais citer maint exemple au besoin!
>L'amitié se réchauffe au feu de la cuisine,
>   Et j'irai même encor plus loin :
>Il n'est d'amis que ceux avec lesquels on dîne.

Ces vers sont bien un peu mirlitonnants,

mais la Muse gastronomique qui les inspire ne se pique que d'être bonne vivante.

Pour augmenter mes ressources, j'ai donc toujours chez moi force conserves. Celles de gibier, de volaille, de langues, de charcuterie n'offrent aucune difficulté à expliquer. Pour les *conserves de légumes*, quelques précautions sont à prendre. Je vais te les indiquer. Il faut avoir un petit instrument fait exprès pour ne pas hacher le couvercle des boîtes de légumes en les ouvrant. Lorsqu'on les en a extraits, on les jette dans une passoire à gros trous. On les échaude à l'eau bouillante, on les égoutte, puis on les réintègre dans leur étui de fer-blanc, qu'on met au bain-marie. Un peu avant de servir, on y introduit un morceau de beurre frais manié avec du persil haché fin, sel, poivre, et les légumes ne sont pas remis à la casserole, en contact direct avec le feu. *Cette méthode est de rigueur pour empêcher les légumes cuits pour la deuxième fois* de contracter le goût dit de « réchauffé ». Je trouve dans mes armoires des conserves de membres d'oie que j'ai confites en décembre dernier, à l'époque où la basse température permet d'engraisser la volaille sans la fatiguer. Voici la manière de faire ici ce qu'on appelle le *confit,* et qui s'applique aux dindes, aux porcs et aux oies. On découpe en morceaux les membres de l'animal. On les sale pendant toute une nuit, et on les fait cuire dans leur propre graisse détachée du corps de la bête et qu'on fait fondre à feu doux. Si les pièces n'y baignent pas, on ajoute assez de saindoux pour emplir le chaudron. Après s'être assuré, en les traversant facilement avec une fourchette, que leur cuisson est complète, on les place dans des pots et on les recouvre de leur graisse. Afin de les bien préserver du contact de l'air, on achève de combler les vases avec un supplément de saindoux. Les foies exigent une cuisson moins longue. Le confit de dinde se fait à la graisse d'oie, et celui de filet ou des meilleurs morceaux de porc dans le lard de panne fondu.

Les membres qu'on extrait du pot, à mesure qu'on en a besoin, sont sautés à la poêle et servis avec du persil frit ou avec des pommes de terre rissolées à la graisse d'oie; ou bien on les chauffe légèrement pour faire disparaître leur enveloppe de graisse, et on les mange froids. Ce mets, d'une ressource précieuse, est fort goûté dans le Midi.

J'ai des boîtes de *lamproies* en matelote. Les maisons spéciales de Bordeaux en ont des dépôts un peu partout. Il suffit, pour les consommer, de chauffer le poisson dans sa sauce. Les *conserves de homards* se mélangent, sans autre préparation, à une salade verte garnie d'œufs durs, d'anchois, si on les aime, et de pommes de terre. Avec la morue, ces poissons de conserve rendent de grands services et varient le menu maigre du vendredi. Quant à la *morue sèche,* il faut la tenir suspendue. Lorsqu'on s'en sert, on en fait baigner un morceau vingt-quatre heures d'avance, et l'on en renouvelle l'eau très souvent. On la mange avec sa couronne classique de *pommes de terre cuites à la vapeur,* c'est-à-dire dans une casserole de fonte dite « cocotte », où l'on met très peu d'eau et de sel. *Les pommes de terre bouillies à grande eau ne sont ni blanches ni farineuses. La morue ne doit pas bouillir,* sous peine de durcir; *elle ne doit que frémir dans l'eau.* Elle se mange à la sauce blanche, au beurre fondu, à l'huile et au vinaigre, très peu de vinaigre, pour éviter de la rendre coriace. On l'accommode aussi très agréablement en *brandade*, c'est-à-dire en la pilant avec du beurre (je supprime l'ail classique, qui ne plaît pas à tout le monde) et en faisant alterner une couche de morue pilée avec une couche de pommes de terre. Le tout est placé sur le plat, saupoudré de chapelure, beurré et enfourné à feu doux. Peu de sel, un grain de poivre.

J'ai des *conserves d'ananas*, qui sont aujourd'hui d'un bon marché incroyable (un franc la pièce). Comment s'en étonner, au surplus, quand on sait que dans toute l'Amérique ce fruit, le suprême du délicat chez nous, est la pâture habituelle des porcs ! En ajoutant du sucre à leur jus, je fais à l'avance un petit sirop, qui cuit un bon quart d'heure, et que je laisse ensuite refroidir autour du fruit.

J'ai des petits *plum-puddings anglais* de toutes tailles. Une fois complètement démoulés, je les mets un grand quart d'heure au four pour les chauffer parfaitement, et quelquefois, au lieu de les faire flamber au rhum, je les arrose d'une *sauce sambaglione* qu'un Italien de mes amis m'a enseignée. Tu la feras en délayant d'abord trois ou quatre jaunes d'œufs avec trois ou quatre cuillerées de sucre en poudre et un peu de bon vin blanc. Le mélange est placé sur un feu *très doux, car il ne doit pas bouillir;* alors on verse dessus le reste de la bouteille de vin, en fouettant la sambaglione à la fourchette, ou mieux avec un moussoir à chocolat, et vivement. En cinq ou six minutes, la sauce épaissit comme une crème et mousse abondamment. Elle peut couronner le gâteau au riz comme le plum-pudding. Elle se sert aussi dans des verres à bordeaux, toute seule, comme entremets sucré; on la fait avec du vin blanc de Grave ou avec du vin blanc un peu plus doux. Un de mes amis d'Italie lui consacre une bonne bouteille de Marsala. Ah ! mon ami l'Italien a bien perfectionné mes talents dans l'exécution de quelques plats de son pays, ayant depuis longtemps acquis droit de cité en France. Sans cette naturalisation, je ne t'en parlerais pas, m'étant promis de ne pas faire de cosmopolitisme même en cuisine.

J'ai d'ailleurs la prétention qu'en ces matières, comme en toutes autres, de civilisation, de raffinement, d'art et de goût, notre chère France est toujours à la tête du mouvement. Ne ris pas en me voyant mettre du patriotisme dans mes fourneaux. « Dis-moi ce que tu manges, et je te dirai ce que tu es », a formulé un philosophe de la bouche. Il avait voyagé, celui-là, et il avait vu de quelle pâture se nourrissent les autres peuples. Je ne parle pas de la haute classe, qui, en tout pays, se modèle sur nous, quoi qu'on dise, mais de la classe moyenne. Plaignons-la, et gardons-nous bien de l'imiter.

Il faut avoir vécu, comme moi, de l'autre côté de la Manche, pour connaître la vanité du soi-disant *rosbif anglais cuit sans sel* et arrosé d'eau chaude pure, avant d'être servi; produit d'un bœuf de dix-huit mois ou deux ans, trop jeune, sans muscles, n'ayant jamais travaillé, et engraissé aux tourteaux de lin, ce qui lui donne du lard d'une épaisseur semblable à celle des porcs anglais. Ah! je sais que je fronde un préjugé, celui du « *roastbeef anglais* »! Quand on ne l'a pas mangé dans la vraie famille pur sang du Royaume-Uni, on peut encore y croire; mais là, chez eux, chez lui, entouré de tous légumes cuits à l'eau pure et servis en même temps que la viande sur votre immense assiette, il jette un froid sur les admirations que certaines gens professent aveuglément pour les produits exotiques. Les Anglais essayent de vous convertir à leur roastbeef en vous passant généreusement les salières, les poivrières, les pickles et les sauces froides les plus enragées. Mais on ne se console pas de l'absence de sel pendant la cuisson des aliments!!! Quelle monotonie que celle de ces éternelles sauces qui faisaient dire à Talleyrand, le gourmet diplomate, revenu de Londres : « Étrange pays ! tant de sectes, et une seule sauce ! »

Les pommes de terre bouillies, qui reparaissent à chaque repas sur la table allemande ou anglaise, seraient capables de vous en dégoûter à jamais, si le génie n'en ramenait le goût en variant heureusement leur accommodement. Protée lui-même n'était pas susceptible de plus de transformations que la pomme de terre n'en subit sous notre influence. Gloire aux artistes culinaires ! Ces brillants collaborateurs de Parmentier inventèrent la pomme de terre sautée, à la maître d'hôtel, en ragoût, à la crème, en purée, au fromage, en croquettes, etc., sans oublier l'incomparable *pomme de terre frite* et *soufflée !*

Sais-tu la faire, celle-là ? C'est bien simple, et cependant on n'en mange le plus souvent de bonnes qu'au restaurant, parce que chez soi l'on ne dispose pas toujours d'une poêle assez vaste pour contenir un immense bain de friture où les pommes de terre ne se touchent pas. Si l'on a ce vaisseau, on y fait fondre la graisse. Elle doit être chaude, mais pas au point de frire complètement ce qu'on y plonge. Il faut qu'elle cuise seulement à demi les pommes de terre qu'on lui confie taillées en languettes plates, de l'épaisseur d'une pièce de deux sous. Sous cette forme, l'écumoire les saisit et les dépose sur la passoire, où elles égouttent et se refroidissent. On fait, à ce moment, partir la friture à feu vif. On s'assure qu'elle est à point, comme je te l'ai indiqué dans ma troisième lettre, et l'on y replonge les pommes de terre demi-cuites jusqu'à ce qu'elles se boursouflent, se jaunissent et soient légèrement croquantes.

Si elles ne nagent pas assez écartées dans la friture et qu'elles adhèrent les unes aux autres, on ne les obtient pas soufflées. S'il y en a trop à la fois dans la poêle, on ne les réussit jamais. En les dressant, on les sale au sel fin et on les sert vivement. Je t'ai livré le secret des *pommes de terre soufflées*, aussi précieux que la recette du bleu de Sèvres !!!

Voici les proportions pour obtenir de bonnes *croquettes de pommes de terre* ou *pommes duchesse* : un kilogramme de pommes de terre bouillies, passées et mélangées d'une bonne cuillerée de beurre, de deux jaunes d'œufs, sel et poivre ; ajoutez deux blancs battus en neige ferme. Formez avec cette pâte des boulettes, soit longues ou plates, soit en forme de boules, et faites frire.

Dans les divers *ragoûts de pommes de terre,* on emploie généralement l'espèce longue, qui se désagrège moins. Une fois bouillies et tranchées, on les jette dans des sauces diverses. Les *purées,* au contraire, exigent des pommes de terre rondes, l'espèce en étant plus friable et plus tendre.

Pour obtenir de bonnes *pommes de terre sautées,* il est important de les choisir de même grosseur.

Il faut se servir d'une *sauteuse* (casserole à bords peu élevés, en cuivre étamé). On y met un bon morceau de beurre, — plutôt trop que trop peu, — et l'on range les pommes de terre à plat, de façon qu'elles ne montent pas les unes sur les autres.

On les fait partir *à feu moyen et à casserole découverte*. Au bout de dix à quinze minutes, on les couvre hermétiquement, pour que leur vapeur concentrée les rende moelleuses à l'intérieur.

Quand elles sont presque cuites, on les découvre et on les fait partir à feu gai pour qu'elles prennent belle couleur, et afin qu'elles roussissent de tous les côtés il faut les retourner constamment une à une et à l'aide d'une fourchette.

Mais revenons à nos mets italiens. Je ne t'en citerai que deux, passés, comme je te l'ai dit, dans nos usages culinaires : le *macaroni* et le *riz*.

7

Pourquoi le *macaroni,* sur la plupart des tables moyennes, *ne file-t-il pas?* C'est parce que la cuisinière met son fromage dans la casserole et l'y laisse cuire. Il fond en huile, forme des boulettes, tombe au fond du plat, ne s'y unit pas intimement et ne lui prête pas ce moelleux, ce fondu qui, sous forme de fils légers et embrouillés, donne au macaroni bien fait toute son onctuosité et son velouté.

Lorsque ces pâtes ont bouilli à l'eau très peu salée pendant un quart d'heure, on les égoutte, on les saute lestement au beurre pendant une minute seulement, *et ce n'est qu'au moment où il va être versé dans le plat* qu'on poudre le macaroni de fromage râpé, en le secouant sens dessus dessous, et *surtout sans que la casserole retourne au feu.* Sans cette précaution, point de macaroni filant! N'économise pas le gruyère : 175 grammes au moins de fromage râpé pour six à huit personnes, plus 25 à 50 grammes de parmesan pour donner du ragoût. Le fromage doit être sec pour se râper facilement. Aujourd'hui, les marchands s'acquittent instantanément de ce petit travail à la mécanique, si bien qu'à Paris, lorsqu'une cuisinière s'aperçoit au dernier moment que son potage consommé n'est pas de première qualité, elle se procure tout de suite le fromage râpé qui en masque les imperfections et qu'elle présente à table sur un ravier ou sur tout autre petit plat.

Avant de mettre le fromage dans le macaroni ci-dessus expliqué et qu'on nomme « à l'italienne », sans doute parce qu'on ne le mange jamais ainsi en Italie, on peut l'italianiser vraiment, en l'arrosant d'une sauce tomate très épaisse. Le fromage, en ce cas, ne s'introduit qu'après la tomate.

Lorsqu'on fait une *timbale milanaise*, on ajoute au macaroni à la tomate des crêtes et des rognons de coq, d'infiniment petites saucisses « chipolata » commandées à l'avance, du jambon cuit coupé en dés, quelques champignons blanchis (c'est-à-dire bouillis peu de temps) à l'eau acidulée et mêlée d'un peu de farine, — pour qu'ils ne noircissent pas, — quelques truffes cuites un petit quart d'heure au vin blanc ou au beurre et coupées en rondelles, et enfin quelques petits morceaux de foie gras qui, incorporés à la garniture dix minutes avant de servir, lient admirablement la milanaise. Ces divers ingrédients cuisent quelques instants dans un petit roux mouillé de glace de viande ou d'une cuillerée à café d'*extractum carnis* de Liebig. Je répète que le fromage ne se met qu'au moment de verser le tout dans une croûte à pâté.

Celle-ci peut provenir d'un pâté de foie gras mangé récemment, ou d'une *croûte* commandée au pâtissier. Mais elle est si facile et si peu coûteuse à faire que ma cuisinière préfère la confectionner elle-même. Elle emploie une *pâte* composée de 250 grammes de farine, d'un jaune d'œuf, de 100 grammes de beurre, d'une pincée de sel et d'un demi-verre d'eau. Elle la pétrit et l'aplatit à un demi-centimètre d'épaisseur au rouleau, en saupoudrant celui-ci d'un peu de farine ; elle en garnit un moule spécial. Ce moule a la forme d'une tour basse et se divise, au moyen de charnières, en deux parties, dans le sens de sa hauteur. Une fois les parois du moule garnies, on soutient l'intérieur de la pâte, soit par des haricots secs, soit par un pot à confiture. Elle l'enfourne vingt ou vingt-cinq minutes environ à feu modéré ; elle la démoule et passe un pinceau avec du jaune d'œuf sur la croûte : c'est ce qu'on appelle *dorer*. Elle remet cinq minutes cette croûte au four, et sa timbale est prête à recevoir sa garniture de macaroni à la milanaise.

Ce qui différencie le *riz cuit à l'italienne* du riz cuit à la française, c'est que le premier, au lieu d'être pâteux, reste en grains ayant la forme de petits x, ce qui indique son vrai point de bonne cuisson. Si tu es véritablement friande de riz, tu choisiras, pour le faire, une des trois manières que je vais t'indiquer.

A l'italienne, pour six à huit personnes, tu mettras à la casserole deux ou trois cuillerées de beurre ou de graisse; aussitôt fondue, tu y feras jaunir quelques oignons hachés ; tu y passeras, pendant cinq minutes, cinq cuillerées de riz que tu couvriras ensuite de bouillon ou d'eau, et, à mesure que le riz gonflera, tu remettras du liquide. Au bout de vingt minutes, le riz est cuit. *A l'égyptienne,* tu feras blanchir la même quantité de riz pendant cinq minutes, puis tu laisseras mijoter de quarante à quarante-cinq minutes, avec beurre, sel et un soupçon de poivre de Cayenne. *A la turque,* lorsque le riz est à moitié cuit, il reçoit une pincée de safran. On le fait évaporer et l'on y perce ensuite, avec le manche d'une cuiller de bois, des trous qu'on emplit de beurre ou de bouillon.

Le riz n'a sa qualité que lorsqu'il est grenu et non écrasé et uniforme. Je l'aime saupoudré de fromage comme le macaroni. Il est encore excellent à la sauce tomate, qui en masque un peu la fadeur naturelle.

La *sauce tomate* se fait en rompant des tomates et en les laissant cuire et réduire longtemps ; on les passe et on les lie avec un petit roux bien relevé, sur lequel on les verse. On vend des flacons de tomates conservées qui valent la tomate fraîche.

Lorsqu'on introduit du riz presque cuit dans une poule, avec quelques saucisses chipolata et un peu de jambon de Bayonne fumé en tranches, on en relève singulièrement le goût. Cette *poule à la chipolata* se fait cuire dans son jus ; lorsqu'elle est jaunie au beurre ou à la graisse d'oie, avec quelques petits oignons, un bouquet et un brin de farine, on la mouille abondamment avec du bouillon jusqu'à mi-hauteur de la volaille, et l'on couvre hermétiquement la casserole. Après deux heures de cuisson lente (plus ou moins de temps suivant la qualité de la bête), on retire la poule, on fait réduire le jus, on le lie convenablement, on le passe et on le mélange à une sauce tomate épaisse qu'elle éclaircit à point.

Je te quitte, ma chère amie, j'entends

des aboiements qui se rapprochent : j'ai idée que c'est la meute célèbre du baron de C. L... Si c'est lui et ses cinq cousins, il ne me reste qu'à courir à la cave chercher mon meilleur médoc, puis au grenier à grains où j'ai enfoui du gibier dans le seigle, ce qui le conserve, ensuite à la basse-cour, pour faire *étouffer* une couple de canards. Quelle bonne fortune que d'avoir justement un *gigot qui marine au vin blanc*, depuis trois jours, assaisonné force épice ! Avec sa marinade, je ferai confectionner une *sauce chevreuil* et j'aurai un vrai morceau de résistance à offrir tout de suite à la dent cruelle de mes chasseurs ; la volaille, elle, pour être tendre, devra attendre un jour ou deux.

Un paysan vient de m'apporter une corbeille de *cèpes*. Je vais les mettre à suer cinq minutes sur un gril, à feu doux, puis je les jetterai à l'huile, pas trop chaude, avec un hachis d'ail, de persil et de verjus. Je vais bien régaler mes Gascons. Tu sauras, entre parenthèses, que les *conserves de cèpes* se traitent de la même manière que les cèpes frais; seulement on change leur huile et l'on se borne à les chauffer, puisqu'ils sont déjà cuits.

J'ai, précisément ce matin, fait cailler du lait tout frais en y introduisant une petite boulette de présure, dans l'intention de faire un bon *fromage à la crème*. Le caillé est suspendu, pour égoutter, dans une toile claire. On le tamisera, en y ajoutant de la crème douce épaisse. Il va rester deux heures ou trois dans un cœur en osier garni d'une mousseline qui sert à l'en retirer. Arrosé de bonne crème fraîche, ce soir, il m'attirera des compliments, j'en suis sûre.

A bientôt.

LETTRE VI

LES REPAS A LA CAMPAGNE (*suite*)

Beurre à la minute. — Crêpes. — Artichauts sur le gril. — Artichauts à la barigoule. — Biscuits de Savoie. — Galette. — Butterkuchen. — Quatre-quarts. — Tarte à la crème. — Pâte pour les tartes aux fruits. — Inconvénients du four pour la cuisson de la pâtisserie. — La glace. — La crème fouettée. — Fromage bavarois glacé. — Mousse au chocolat. — Mousse à la pomme. — Riz à l'impératrice. — Charlotte russe. — Mont-blanc. — Gelées à la liqueur. — Soins à donner au démoulage. — Les aspics ou chaufroix : de poisson, de volaille, de foies gras, à la crème fouettée. — La gelée de viande et de volaille.

> L'homme riche qui ne sait pas donner à dîner à ses amis, ne sait pas jouir de sa fortune.
> CARÊME.

MA CHÈRE ENFANT,

Mes chasseurs ont prolongé leur séjour

à la maison pendant une huitaine. J'aime à croire qu'ils s'y sont bien trouvés. Une lettre destinée à me prévenir de leur arrivée s'est égarée; j'ai été surprise par l'incident, mais sans me trouver dépourvue, car, à la campagne, je suis toujours un peu sous les armes. Cependant, ma cuisinière venant justement de partir pour une fête des environs avec ma jardinière, son aide accoutumée, il a fallu que tout le monde mît la main à l'œuvre. Tu aurais ri de voir ces messieurs agitant à tour de bras une carafe bouchée remplie de crème pour faire du beurre. La jardinière, avant de partir, avait enfermé sa baratte, et il fallait y suppléer, coûte que coûte. Au bout d'une vingtaine de minutes de secousses, le beurre se formait, et chacun de mettre l'œil au goulot de la carafe! Mais il fallait encore un peu de patience pour que la substance onctueuse se détachât d'abord en grumeaux, puis se séparât complètement de son petit-lait, dans lequel il est bon de la triturer avant que le lavage final l'en sépare tout à fait. Pendant que le beurre est encore mou, il traverse aisément le goulot de la carafe, et on le lave dans une jatte que l'on frotte d'une poignée d'oseille crue, en même temps que la cuiller avec laquelle on le manipule. L'oseille empêche l'adhérence du beurre, et il est bon d'en éviter la perte, quand on n'en a justement qu'une petite quantité.

Ces messieurs ont absolument voulu faire sauter les crêpes dans la poêle. Il n'est pas un jeune chasseur qui ne se vante d'y réussir à merveille. Je ne puis pas t'affirmer qu'ils n'en aient pas laissé tomber quelques-unes dans les cendres; mais la bonne humeur et les rires compensaient largement ce petit malheur

Les *crêpes* se font avec deux cent cinquante grammes de farine dans laquelle on casse six œufs battus en omelette. On y met deux cuillerées d'eau-de-vie, une d'huile d'olive, une pincée de sel et un peu de fleur d'oranger, du zeste de citron, ou mieux encore de la vanille coupée finement avec des ciseaux. On ajoute trois quarts de litre de lait, en tournant jusqu'à consistance de bouillie claire, et on laisse reposer le tout une heure ou deux. La pâte doit être lisse et sans grumeaux.

Alors on frotte le fond de la poêle avec un nouet de toile renfermant du beurre. On verse la pâte de manière qu'elle s'étale mince. En une ou deux minutes, elle est cuite d'un côté, et c'est alors qu'en frappant sur la queue de la poêle on détache la crêpe et on la fait sauter pour la retourner et la cuire sur une autre face. J'ai l'habitude de poser *chaque crêpe sur une assiette à part*, après l'avoir saupoudrée de sucre. Lorsqu'on les empile, au lieu de rester sèches, elles deviennent molles, humides, et le sucre se fond.

Un de nos chasseurs nous a fait cuire des artichauts d'une manière tout à fait inattendue et qui ne laissait pas que de m'inspirer tout d'abord quelque inquiétude. Il a mis tout simplement des *artichauts entiers* à cuire *sur le gril,* à feu moyen, en introduisant seulement entre les feuilles du cœur un peu d'huile, du sel et du poivre.

Après vingt ou vingt-cinq minutes de cuisson, lorsqu'il a apporté lui-même ses artichauts, j'ai dû convenir qu'ils étaient incomparables et qu'ils avaient, par cette méthode, conservé bien mieux leur saveur naturelle que blanchis, à la barigoule, ou sautés. On coupe en quatre ces derniers et on les traite comme le poulet sauté.

Quant aux *artichauts à la barigoule*, en voici la recette : on coupe la pointe des feuilles et l'on fait bouillir le légume, puis on en retire le foin, qu'on remplace par un petit hachis de lard entremêlé de champignons, d'ail et de persil. On ficelle en croix les artichauts, on les fait revenir à l'huile, on les mouille d'un verre de vin blanc et d'un verre de bouillon. On les lie par un roux et on les fait cuire dans leur jus, qu'une tranche de jambon bonifie singulièrement.

Mon jeune cuisinier improvisé nous a fait également un bon *biscuit de Savoie* composé de quatre jaunes d'œufs mélangés d'abord à trois cuillerées de sucre en poudre et à soixante-dix grammes de fécule de riz, à un peu de vanille hachée, puis mêlés à quatre blancs d'œufs battus ferme. Il a beurré une tourtière dans laquelle il a versé le tout, et a placé cette mixture sur un feu doux, couvert de cendres, et sous un four de campagne bien garni de braise. Le biscuit a monté rapidement, et il était cuit au bout de vingt minutes.

Mes tantes et mes cousines se sont piquées au jeu et ont chacune fait leur gâteau favori. C'était un véritable concours. La *galette* servie avec le café a eu une mention honorable. En voici la recette:

Deux morceaux de sucre dans un demi-verre d'eau et une pincée de sel que vous versez dans un creux pratiqué au milieu d'une demi-livre de farine; pétrissez et introduisez-y gros comme une noix de beurre; étalez la pâte, roulez-la, puis la poudrez de farine et la ployez en quatre légèrement, comme une serviette négligemment pliée. Laissez reposer dix minutes, étalez alors et tartinez avec cinquante grammes de beurre ; recommencez le pétrissage et l'étalage cinq fois, de dix en dix minutes, en introduisant cinquante grammes de beurre chaque fois : au bout d'une heure vous aurez fini votre galette, et vous la cuirez pendant une demi-heure à four chaud. Avec cette même *pâte feuilletée*, on fait des fonds de tarte; mais je préfère la croûte cassante d'une certaine *pâte brisée*, qui s'amollit moins sous la couche de fruits et qui déjà par elle-même constitue un gâteau sec excellent à prendre avec le thé. Voici comment tu confectionneras cette pâte, semblable à celle du *Butterkuchen*, mot alsacien qui signifie *gâteau au beurre*. Écrase une demi-livre de beurre avec un œuf, cent cinquante grammes de sucre en poudre, et incorpore peu à peu une demi-livre de farine à ce mélange jusqu'à ce que la pâte se détache du vase ; aromatise avec de la cannelle. Une fois bien maniée, tu étaleras ta pâte, de l'épaisseur de trois ou quatre centimètres, sur une plaque de tôle ou une tourtière farinée; puis tu enfourneras. Au bout de cinq minutes de cuisson, tu retireras le gâteau et tu y marqueras des divisions en long et en large avec un couteau qui rayera profondément la pâte; car, une fois cuite à point, elle est cassante, et sans cette précaution on ne peut arriver à la trancher. Remets au four pendant vingt-cinq minutes et, en sortant le gâteau, saupoudre-le de sucre grossièrement pilé, de cannelle et de quelques amandes hachées, si tu les aimes.

Le gâteau dit *quatre-quarts,* quoique bon, a été trouvé plus banal ; il se fait en mêlant d'abord quatre œufs à leur poids de sucre, puis on ajoute même poids de farine, même poids de beurre, un peu de vanille. On le fait cuire, comme le biscuit de Savoie, sur une tourtière beurrée et pendant vingt minutes.

Mais c'est la *tarte à la crème* qui a remporté le premier prix de pâtisserie de ménage. Je vais t'indiquer comment je la confectionne. Je prends une demi-livre de farine, un quart de beurre, un demi-quart de sucre et un œuf. Je mêle d'abord l'œuf au beurre, puis je l'introduis dans la farine mélangée au sucre. J'enfarine une tourtière et j'y étale ma pâte en en relevant les bords pour contenir la crème. Ma crème se compose d'un bol de crème fraîche, épaisse, de trois œufs entiers, d'un quart de sucre et d'un peu de vanille hachée. Je mêle et verse le tout sur la pâte, que je mets une demi-heure à four vif. La pierre d'achoppement de ces divers gâteaux, *c'est le four*. Il est assez rare d'en avoir *un qui cuise bien la pâtisserie en dessous*. Je pare à cet inconvénient en plaçant dans l'intérieur du four mes tourtières sur un trépied, garni en dessous de braises ardentes recouvertes de cendres. Cela rend mes gâteaux croquants. Si l'on n'a pas le soin de chauffer le plateau qui supporte la pâte, le fond de la pâtisserie reste mou et décoloré, l'humidité tendant toujours à descendre et rencontrant une plaque froide qui ne la convertit pas en vapeur. La pâte que je viens de t'enseigner sert pour les tartes. Elle peut contenir n'importe quels fruits : tranches minces de pommes ou pommes en marmelade, prunes, cerises, etc. Il n'y a qu'à y ranger les fruits et à les sucrer convenablement.

A la campagne, il est indispensable de savoir faire quelques friandises, tant pour passer son temps que parce qu'on n'a pas les gens du métier à sa portée.

Lorsque j'ai occasion d'envoyer à la ville, je ne manque pas de me bien approvisionner, entre autres, de glace, car elle m'est indispensable pour certaines variétés de crèmes et de gelées. On la transporte aisément roulée dans une flanelle et logée au fond d'une caisse pleine de sciure de bois ; un gros bloc de glace se conserve ainsi au frais pendant un jour ou deux facilement.

Je vais t'énumérer une foule de plats sucrés dont tu es très friande, avoue-le, et auxquels le concours de la glace est indispensable afin d'obtenir avant tout leur base, la *crème fouettée*, tels sont :

Le *fromage bavarois glacé*, la *mousse au chocolat* ou *aux pommes*, le *riz à l'impératrice*, la *charlotte russe*, le *mont-blanc*, etc. Avec l'aide de la glace, on confectionne aussi toute sorte de gelées et de chaufroix.

Les gelées se font en dissolvant cinquante grammes de belle gélatine blanche dans un bol d'eau (un quart de litre environ); une fois bouillie, on clarifie cette colle en y ajoutant la moitié d'un jus de citron et on la passe. On la mêle à cinq cents grammes de sucre bouilli dans un bol d'eau, écumé et parfumé avec du marasquin, du kirsch, du rhum ou du suc de framboise, de fraise ou de n'importe quel fruit. Dans ce dernier cas, on colore avec une pointe de carmin. On huile légèrement un moule à côtes et l'on y verse le liquide, qu'on laisse prendre à la glace.

On est obligé, à la campagne, de faire soi-même la *crème fouettée,* qui, à Paris, est préparée et livrée si rapidement par les crémiers. J'opère comme il suit : dans une jatte de crème très fraîche, je verse trente grammes de poudre adragante ou cinquante de gomme arabique pour un litre de crème fraîche, c'est-à-dire très récente, placée sur la glace; je la bats avec un petit balai fait exprès. A mesure qu'elle se couvre de mousse, j'enlève celle-ci avec une cuiller percée (écumoire), et je la dépose sur un tamis placé sur de la glace concassée. Je continue de la sorte jusqu'à ce qu'il ne me reste presque plus rien de mon litre de crème : voilà la véritable crème fouettée, et non ce qu'on vend quelquefois pour elle, cette affreuse contrefaçon obtenue à l'aide de blancs d'œufs battus, matière écœurante et malsaine quand les blancs d'œufs, achetés en gros par les pâtissiers, ont subi des altérations.

Maintenant passons à la *mousse au chocolat*. Pour huit ou dix personnes, je fais fondre à feu doux quatre tablettes de chocolat concassé dans un verre de lait. Cela forme une pâte très épaisse que je laisse refroidir ; alors, je la mélange au contenu de deux bols moyens remplis de crème fouettée jusqu'au bord, ce qui équivaut à la valeur de soixante-quinze centimes de crème. Il ne faut *pas longtemps tourner le mélange,* sans quoi il aurait une tendance à s'abattre. Pour la *mousse aux pommes,* on mêle la même quantité de crème à une purée refroidie de six pommes moyennes environ. Ces pommes, au préalable, ont été pelées, vidées, coupées, puis cuites et écrasées dans de l'eau sucrée et vanillée ; voilà donc deux petits plats faciles et qui peuvent se faire en très peu de temps. Quand, à Paris, un convive viendra te surprendre, vite fais fondre et refroidir du chocolat, et ton crémier te fournira la mousse. En un clin d'œil tu auras un *post-scriptum* à ton dîner.

Le *riz à l'impératrice* se compose d'un riz au lait très cuit, très sucré, vanillé et un peu consistant ; lorsqu'il est froid, on l'éclaircit avec deux grands bols de crème fouettée et trois feuilles de gélatine fondues dans un demi-verre d'eau.

Cette crème absorbe l'excès de douceur du riz. On introduit le mélange dans un moule côtelé, légèrement huilé et égoutté. On plonge le moule dans quatre ou cinq livres de glace pendant trois à quatre heures de temps. Avant de le démouler, comme *avant de démouler n'importe quelle crème glacée, il faut essuyer l'extérieur du moule avec le plus grand soin*, la glace étant généralement additionnée de sel destiné à faire prendre plus vite les crèmes; les cuisinières qui négligent cette précaution exposent l'eau salée à tomber dans le plat. Cet oubli rend souvent les meilleures glaces immangeables.

Pour renverser une crème, glacée ou non, il faut recouvrir le moule d'un plat et le retourner lestement. *Si la glace ne veut pas sortir*, recouvre-la d'une serviette mouillée d'eau ordinaire. Cette différence de température suffira; l'eau bouillante n'agit pas mieux et fait fondre le dessus du plat glacé. Au besoin, il faut passer un long couteau entre les parois du moule et la glace, si celle-ci n'est pas enveloppée d'un papier protecteur qui alors se tire tout simplement pour la démouler.

Mais j'en reviens au riz à l'impératrice. Pour le compléter, il faut l'entourer d'un sirop de sucre et d'eau dans lequel on délaye de la gelée de groseilles, ou, mieux, de la confiture d'abricots. Quand cela est froid, on ajoute dix centilitres environ (un demi-verre) de rhum ou de kirsch au sirop d'abricots. *On ne met jamais à cuire les liqueurs :* elles s'évaporeraient au contact du feu et perdraient leur parfum.

Veux-tu faire un *fromage bavarois glacé*? Tu confectionneras d'abord une crème à la vanille, dite crème anglaise, dont je t'ai donné la formule dans une troisième lettre. Quand ta crème sera froide et que tu y auras ajouté quatre feuilles de gélatine dissoute à l'avance dans un quart de verre d'eau, tu ajouteras deux bolées et demie de crème fouettée; tu verseras le mélange dans un moule huilé à côtes, et tu feras prendre le bavarois à la glace pendant quatre ou cinq heures. Toujours grande précaution pour démouler cette crème, particulièrement fragile et légère.

C'est exactement la même composition qu'on nomme *charlotte russe* quand on la verse, avant de la faire glacer, dans un moule foncé et garni tout autour de biscuits à la cuiller. La charlotte au café, au chocolat, comme à la vanille, se déduit de la précédente; je t'ai indiqué déjà comment.

La crème fouettée est encore indispensable au *mont-blanc*. C'est une purée de marrons sucrée, vanillée, refroidie et recouverte d'une couche de crème fouettée, poudrée d'un peu de sucre cristallisé. On pèle les marrons crus. Une fois cuits à l'eau, on leur retire leur pellicule. On les remet au feu avec du lait, du sucre et de la vanille, puis on les écrase à travers une passoire à gros trous. *Il faut que la purée soit épaisse* et non liquide pour bien soutenir la crème fouettée.

Méry a dit : « Pourquoi l'Académie des sciences ne propose-t-elle pas un prix pour l'invention d'un bon plat ? » C'est une lacune à combler, et je ne désespérerais pas d'obtenir le prix, en présentant une nouvelle application de la crème fouettée, mélangée aux foies gras, que l'on met en aspic, c'est-à-dire en gelée.

Sardanapale, lui, infiniment plus magnifique que l'Académie, a donné mille pièces d'or à l'inventeur d'un plat nouveau; et

Héliogabale, cet affreux empereur romain, qui s'entendait si bien du moins aux choses de la table, ne craignait pas de mettre la valeur de cinquante mille francs à un festin. Il est vrai que les langues de paon et de rossignol dont s'enorgueillissaient ses repas devaient coûter de grosses sommes. Je doute cependant, après en avoir lu des récits, que les mets recherchés de l'antiquité aient l'heur de nous plaire aujourd'hui. En tout cas, nous ne donnerions pas vingt mille livres par an, comme Lucullus, à ce qu'on appelait l'officier de table en latin !

L'*aspic de foies gras à la crème fouettée* est un raffinement d'invention toute récente. Il s'agit d'écraser, à la fourchette, du foie gras truffé, cuit, et de le mélanger à de la crème fouettée. On en forme de petits tas irréguliers qu'on emprisonne dans une gelée.

La glace est indispensable pour monter les aspics ou chaufroix. (Chaufroix était un cuisinier, d'où le nom.) On place un moule huilé sur cette glace, on y verse un peu de gelée fondue par un léger attiédissement. Lorsqu'elle est prise, on pose dessus quelques petits blocs de ce foie préparé, et l'on fait alterner les couches de gelée avec celles de foie en boule, jusqu'à ce que le moule soit plein.

Le homard, la volaille, la langue, les mauviettes désossées et les foies de volaille décorés de rondelles d'œufs, de truffes ou de pistaches, de rognons ou de crêtes de coq, se mettent également en chaufroix. Les queues de crevettes épluchées décorent les aspics de poisson. On peut les démouler un peu avant le dîner en les mettant au frais. Si la gelée est substantielle, elle ne cassera pas.

Il faut savoir si on la veut transparente

ou brune. Dans le premier cas, on ne fait pas revenir les légumes, on ne colore pas avec du jus de viande, et l'on clarifie le jus.

Pour faire la *gelée* tout d'abord, on fonce une grande casserole d'une couenne de lard et de quelques légumes de pot-au-feu, revenus ou non, suivant le cas expliqué ci-dessus. On fait suer pendant un quart d'heure la viande qu'on y ajoute ; puis on recouvre d'eau et on laisse cuire quatre ou cinq heures avec force assaisonnement.

Pour obtenir deux litres et demi à trois litres de gelée de viande, on emploie une livre et demie de jarret de veau, un pied de veau fendu en quatre et une livre et demie de gîte de bœuf ou de jarret de bœuf, des débris de jambon et des abats de volailles, quatre litres d'eau, sel, poivre, épices. Après quatre ou cinq heures de lente cuisson, on découvre la casserole pour faire évaporer un tiers du liquide. On retire la viande, et, quand le jus bout, on y précipite, pour le clarifier, trois blancs d'œufs battus qu'on laisse cuire quelques minutes.

Alors on renverse un tabouret de bois à quatre pieds. On place une jatte de porcelaine sur le fond retourné de l'escabeau qui repose à terre. On noue une serviette claire aux quatre pieds du tabouret, ce qui forme un tamis de toile, et l'on verse dessus, le soir, la gelée, qui se filtre toute seule pendant la nuit. Le lendemain, cette gelée est prise ; si elle ne l'était pas, on y mettrait un peu de gélatine fondue en l'attiédissant. Alors il est facile de la découper en bandelettes ou de la hacher pour faire une bordure brillante à un plat froid, ou de s'en servir pour y tremper une langue et lui donner ainsi un beau glacé.

Enfin, elle est la base des aspics et de toute bonne cuisine.

Si la gelée n'est destinée qu'à bonifier les sauces, il est, comme je l'ai dit, inutile de la clarifier; il faut la brunir, au contraire, avec une petite boule d'oignon brûlé; d'ailleurs, les légumes roussis la colorent déjà.

La gelée est très facile à digérer. Quand on la fait avec une volaille qui remplace une partie des ingrédients désignés ci-dessus (la moitié, par exemple), elle constitue un aliment de malade très léger. Un enfant mis à la diète auquel on en offre avec un échaudé se réjouit du gros morceau qu'on lui donne et ne tient en réalité qu'une quasi-apparence de nourriture qui ne le peut fatiguer. Puisque je viens de parler d'échaudé, peut-être apprendras-tu avec plaisir que l'invention en est due à Favart, lequel d'abord fut pâtissier comme son père, et qui est considéré comme le créateur de l'Opéra-Comique ! La boutique de pâtisserie à laquelle il a donné son nom existe toujours près de l'emplacement du théâtre récemment incendié, et se nomme encore *Pâtisserie Favart*, quoique ses successeurs ignorent l'origine de cette appellation.

Pour en revenir à la nourriture des malades, je te dirai que nombre de grands médecins ont été des gastronomes distingués ; au surplus, les docteurs Barthez, Corvisart et Broussais n'étaient pas friands que pour eux-mêmes : ils avaient reconnu la nécessité de l'être aussi pour leurs patients.

« Voyez ce convalescent, disaient-ils, vous lui offrez un bouillon, un aliment simple ; il ne vous entend pas. Donnez-lui quelque mets bien préparé : son œil se ranime, son estomac se réveille, le sourire renaît, il s'endort, et sa guérison commence. »

Suis les conseils de ces excellents docteurs, ou, ce qui vaut mieux encore, tâche, en suivant les bons principes de l'hygiène, de te passer tout à fait d'eux, comme ta vieille amie, qui va fort bien en ce moment et te serre la main.

LETTRE VII

LE DÉJEUNER

Le déjeuner et le dîner. — Soins à donner à la table, à l'argenterie, à la vaisselle. — Les œufs : signe de leur fraîcheur. — Manière de bien faire les œufs sur le plat. — Œufs brouillés, pochés, à l'impératrice, à la tomate, à l'oignon, durs, en salade, à la Béchamel, à la tripe, farcis, au beurre noir. — Omelettes : au lard, à l'oseille, etc., au sucre, au rhum, à la confiture, soufflée. — Choix de la viande. — Grillade. — Beefsteaks. — Escalopes de veau. — Côtelettes de porc. — Côtelettes de veau en papillotes. — Haricot de mouton. — Navarin. — Foie. — Rognons. — Mayonnaise de poulet. — Boudins, saucisses, pieds de porc. — Viande froide. — Jambon. — Galantine. — Mortadelle. — Rillettes. — Tête de veau. — Un mot sur l'art d'accommoder les restes.

> Qui s'indigère et qui s'enivre,
> Ne sait ni boire ni manger.
> (De Fos.)

MA PETITE AMIE,

En France, nous appelons *déjeuner* le repas qui se fait à onze heures ou midi ; il diffère essentiellement du dîner.

Le soir, au dîner, après la tâche accomplie, le philosophe qui s'assied à table doit abandonner ses soucis ; à la journée du lendemain de réparer les fautes si l'on en a commis, à la soirée d'aujourd'hui la détente indispensable après le labeur quotidien.

Les lampes et les flambeaux jettent ordinairement leur éclat sur le dîner. Les idées du soir ont, comme la lumière sous laquelle elles éclosent, quelque chose d'artificiel, de vague, d'indéfini. Les couleurs vues à la lumière factice n'ont plus les mêmes teintes qu'à la clarté naturelle du jour : ainsi, dans la soirée, les pensées revêtent des nuances qui ne sont pas toujours exactes, et qui nous entraînent dans le domaine des illusions. Nos pères avaient placé le souper à ce moment d'abandon et d'oisiveté, au moins relative.

Le dîner se prolonge de la salle à manger au salon par le café, ce stimulant qui ranime une dernière fois les esprits. C'est l'heure de la causerie, de la rêverie, du laisser aller de la pensée.

La conversation, qui a devant elle toute la soirée pour se développer, ne dépend plus, dès lors, que de la qualité des causeurs, de l'harmonie des esprits et de l'arrangement matériel du salon. Une causerie intime y naîtra malaisément, si les meubles sont rangés trop symétriquement, si les sièges n'invitent pas à un peu d'abandon, si l'œil ou la main ne sont pas caressés par des aspects ou des contacts harmonieux. Craignons la contagion de ces salons solennels où l'on s'ennuie avec une très grande dignité. Le rire et la gaieté sont le complément, le couronnement des bons repas. Tout autres sont les courts instants consacrés au déjeuner. Cette heure est celle des projets, des longues perspectives, des conversations sérieuses et substantielles, dont les plaisirs d'une table abondante ne doivent pas détourner tout à fait les convives. A ce moment, l'esprit est moins excité, moins brillant : on a plus de sang-froid et de jugement. Pour conserver cet équilibre, la modération dans le repas doit être particulièrement observée par ceux qui, dans le courant de la journée, auront à exercer leur intelligence.

Les étrangers viennent moins souvent nous surprendre à déjeuner. Ce repas est tout intime. Le jeune couple y est seul. La femme y paraît dans une toilette matinale soignée, mais sans apprêts, avec ses mules du matin, dans l'abandon du peignoir flottant, avec une coiffure un peu lâche qui, pour devenir correcte, attend un dernier coup d'œil.

Plus tard, les jeunes enfants font leurs premières armes, à midi, sur la chaise haute, entre le père et la mère, *au déjeuner*.

Les parents s'y retrouvent seuls quand les enfants sont au collège. Ils parlent de leur avenir; ils règlent l'emploi de l'après-midi, brièvement et sérieusement. Ils n'ont que peu de temps à leur disposition : le travail du mari l'a retenu jusqu'au dernier instant; il doit repartir sans s'attarder.

C'est donc une faute de donner à déjeuner autant de plats et les mêmes qu'à dîner.

Dans certaines provinces reculées, on dîne encore à midi, mais c'est là une rare exception qui n'a sa raison d'être que pour des gens exerçant un travail manuel et pénible. Ceux-là ont besoin de faire provision de forces pour en pouvoir dépenser ; mais ceux qui se livrent à des travaux intellectuels doivent, je l'ai dit, *déjeuner à la fourchette*, légèrement, avec des hors-d'œuvre, des œufs, des grillades, — côtelettes ou beefsteaks, — ou avec du poisson, de la viande froide, un peu de charcuterie, des légumes simples, de la salade, du fromage, quelques fruits ou du dessert ; voilà les mets du déjeuner. Les potages, les rôtis chauds, les ragoûts sont réservés au dîner.

Je te conseille de simplifier le déjeuner autant que possible. Dans un ménage composé de deux servantes, le matin, la cuisinière a trop d'occupations pour donner des soins à un déjeuner compliqué. La partie qui lui est attribuée, telle que : préparation du petit déjeuner, soins aux vêtements d'homme et au ménage (à l'antichambre, à la salle à manger, etc.), rangement de la vaisselle du matin, achats au marché, tout cela l'empêche généralement de commencer son déjeuner avant dix heures et demie ou onze heures. Il est donc nécessaire de lui commander des plats d'exécution rapide et facile. Les œufs, la friture et la grillade répondent au programme indiqué. Rarement je rencontre de bons œufs dans les maisons où l'on me fait l'honneur de m'inviter à déjeuner, honneur que je n'apprécie guère, car il m'oblige à sortir trop matin de chez moi, et me fait aussi trop manifestement sentir la peine que se sont donnée la maîtresse du logis et son personnel pour être aussi tôt sous les armes!

Alphonse Karr disait que ce qui lui gâtait l'audition d'un beau morceau de piano, c'était d'ouïr, comme dans un écho lointain, le refrain des gammes et des exercices qu'il avait fallu « débiter » pour arriver à l'exécution finale. Eh bien, la bousculade que la maison a dû subir le matin, la violence que je me fais à moi-même pour sortir de ma robe de chambre avant midi, me rendent insupportable le déjeuner en ville. Ce repas, s'il est de cérémonie, pèse sur toute l'après-midi, la coupe et la gâche. Et puis après, que faire? Se séparer. Point d'intimité, de causerie au coin du feu comme le soir. A la ville donc, foin du déjeuner!

Chez moi, il est toujours fort simple : les œufs y reviennent souvent. Leur fraîcheur doit, bien entendu, être irréprochable : ceci est affaire de fournisseur, mais généralement leur cuisson est imparfaite.

Je commence par *l'œuf à la coque*. Je ne les aime que de Pâques à la Toussaint, période de la grande ponte.

Les œufs conservés en dehors de cette époque se peuvent accommoder comme on voudra, sauf à la coque. Pour les consommer sous cette forme, il faut qu'ils aient au plus quarante-huit heures; c'est facile à reconnaître, mais seulement après qu'ils sont cuits. Lorsque l'eau bout fort, on y plonge les œufs avec précaution pendant trois minutes et demie, montre en main. On les met ensuite sous la serviette pliée exprès qui les doit recouvrir. Il ne faut pas les faire attendre. Si, quand on casse l'œuf, il est rempli de lait, il a moins de deux jours. Si le blanc est filant et visqueux, l'œuf est plus vieux et il n'est plus agréable à l'œil ni au palais du connaisseur. Lorsqu'on ne peut se procurer des œufs aussi frais qu'on les désire, il faut les faire cuire trente secondes de plus pour que, l'albumine se coagulant davantage, ils prennent un meilleur aspect.

En ouvrant l'œuf par le gros bout, on

y introduit plus facilement la mouillette beurrée ou grillée, et l'on évite de le rendre désagréable à l'œil. Or, saint Luc a dit : « L'œil est la chandelle du corps. » L'aspect propre et appétissant des mets prédispose en leur faveur et double leur mérite; en vertu de quoi je proscris à table la présence des bouteilles de vin non décantées dans des carafons de cristal, les repas pris sur la toile cirée, les serviettes défraîchies, les couverts sans symétrie. J'aime à voir au milieu de ma table, soit une corbeille basse de porcelaine contenant un fond de petites plantes vertes que l'on complante de quelques fleurs de la saison, soit un vase de fleurs coupées. J'aime que mes compotiers de cristal supportent des fruits non pas jetés pêle-mêle, mais bien dressés en pyramide. Je réserve la mousse qui les soutient pour les grands jours; mais comme elle communique un goût désagréable aux fruits auxquels elle sert longtemps de lit, j'y substitue, à mon ordinaire : l'été, des feuilles vertes ; l'hiver, des papiers-dentelles.

Je me sers toujours de linge cylindré. C'est une erreur de croire qu'il s'use plus vite que celui qui ne l'est pas ; il est brillant et conserve plus longtemps sa fraîcheur. On fait actuellement usage de nappes ornées d'entre-deux de guipure blanche sur un transparent. On a aussi du nappage blanc à fleurs de couleurs vives, d'un effet réjouissant à déjeuner.

Il est agréable de voir étinceler les cristaux et l'argenterie. Chaque jour, *il faut faire savonner celle-ci à part et la passer à la peau ;* il faut également *battre un peu de savon noir dans l'eau bouillante ou bien y mettre des cristaux de soude* avant d'y baigner les assiettes et les plats. On lave ma porcelaine avec un pinceau de filasse, et jamais à la main, car celle de la laveuse ne pourrait supporter le degré qu'il faut pour la bien dégraisser; puis on la rince à l'eau pure et on la laisse sécher sur l'égouttoir de bois (vaisselier). Il ne faut pas l'essuyer toute mouillée; le linge absorbe peu à peu l'eau grasse, tache et raye les assiettes; il prend une mauvaise odeur et la leur communique. Ce n'est qu'après les deux ablutions réglementaires, eau bouillante savonneuse ou carbonatée et eau pure, puis après séchage naturel, que la serviette enlèvera les derniers vestiges d'humidité. Ces soins sont très difficiles à obtenir des domestiques routiniers. Les œufs m'ont inspiré cette longue digression, car lorsqu'on en mange, la vaisselle, l'argenterie et même la verroterie touchés par eux s'imprègnent d'une odeur caractéristique que les bons dégustateurs de la Gironde appellent de *fraichin,* mot qui vient de « frai » de poisson.

Les *œufs sur le plat* sont généralement mal faits, parce qu'*on les met sur un feu trop vif;* ils cuisent trop en dessous et restent filants dessus. Il faut les casser un à un très près d'une soucoupe pour s'assurer de leur fraîcheur avant de les confier au plat de « *porcelaine allant au feu* ». *S'ils conservent leur forme,* c'est signe qu'ils sont bons. *On pose le plat beurré sur de la cendre chaude seulement,* et, après y avoir mis œufs, sel et poivre, on les recouvre pendant deux ou trois minutes du four de campagne chaud, ou bien l'on passe les œufs à la pelle rouge ; avant que la pellicule blanche se forme au-dessus, on y ajoute une ou deux cuillerées de crème douce ou de jus qui se mêlent au blanc et lui donnent une demi-consistance agréable. Ainsi traités, les œufs sur le plat ont une mine appétissante, et leur blanc est crémeux, non baveux.

Mademoiselle de Lauzun faisait elle-même les *œufs brouillés ;* elle ne s'en rapportait à personne pour les tourner, de peur qu'ils ne fussent trop ou trop peu cuits. On doit les battre comme pour une omelette, les parsemer de petits fragments de beurre, les assaisonner « de bon goût ». On les brouille à la fourchette, sans discontinuer de tourner, sur un feu doux ; ils se servent demi-liquides, car ils recuisent encore un moment dans le plat. Un peu de jus ou de sauce tomate, des petits croûtons frits, des pointes d'asperges blanchies ou des truffes coupées et sautées au beurre, des champignons, des morilles, du gruyère râpé mis au dernier instant : tout cela varie à l'infini l'accommodement des œufs brouillés.

Pour *pocher les œufs,* il les faut casser

aussi très près d'une casserole d'eau bouillante, dans laquelle on les fait doucement glisser pour qu'ils ne se rompent point; l'eau est salée et acidulée d'un peu de vinaigre. Il les faut saisir avec une écumoire quand ils ont une *consistance mollette,* c'est-à-dire que le blanc est assez pris pour former une enveloppe au jaune encore liquide. On les dépose sur une sauce maître d'hôtel, c'est-à-dire sur du beurre frais pétri avec du persil haché fin, du sel, du poivre et du jus de citron. La chaleur des œufs suffit à fondre le beurre ; ainsi préparés, on les nomme *œufs à l'impératrice.* On les sert également sur une sauce tomate, sur une sauce brune (roux mouillé de glace de viande) dans laquelle on fait cuire et fondre une douzaine de petits oignons.

(A dîner, les *œufs pochés* dans un *consommé* font un délicieux potage.)

J'apprécie une bonne *salade d'œufs durs* avec beaucoup de fines herbes, les *œufs durs en sauce blanche* (*Béchamel*), en sauce à l'oignon (*œufs à la tripe*); ils se coupent en rondelles. Lorsqu'on les fend en deux dans le sens de leur longueur, on en retire les jaunes, qu'on pétrit avec de la mie de pain trempée dans du lait ou du bouillon; puis on la presse et on la mêle à du persil haché. On jaunit un instant cette farce au beurre, on creuse un peu les blancs et on les en emplit, puis on referme les œufs et on les rissole sur le plat en les recouvrant d'un peu de chapelure blonde (croûte de pain râpé).

On fait frire des *œufs frais au beurre noir*. Pour ceci, on chauffe le beurre jusqu'à le laisser brûler légèrement; on casse l'œuf dans la poêle; on l'arrose avec le beurre noir qui l'entoure tout le temps de sa cuisson (deux ou trois minutes) : quand les œufs sont dressés, on les couvre avec le beurre, auquel on ajoute un filet de vinaigre et du persil frit.

L'*omelette,* pour être bonne, doit être bien battue et contenir un peu de lait ou d'eau qui la rende légère ; il la faut parsemer de petits fragments de beurre et en bien graisser sa poêle.

Jean-Jacques Rousseau se vantait d'être passé maître dans l'art de confectionner l'omelette. Il recommande de la faire à feu clair ; il ne la faut pas quitter un instant. On coule du beurre frais entre ses rebords et les parois de la poêle. Quand le fond est cuit et le dessus encore liquide, on la ploie en deux et on la glisse sur le plat, de sorte qu'elle est prise et dorée au dehors, tendre et un peu liquide à l'intérieur. Tous les ingrédients qui servent à accommoder les œufs brouillés peuvent être utilisés pour l'omelette ; on l'assaisonne encore *à l'oseille hachée, au lard, aux fines herbes, au fromage de Gruyère coupé en dés, aux pommes de terre bouillies ou sautées* tranchées en rondelles. Tous ces accessoires s'introduisent à mi-cuisson.

L'omelette est aussi un entremets sucré ; alors on n'y met qu'une très petite pincée de sel, deux cuillerées ou trois de sucre pilé, et on la saupoudre tout à fait de sucre au moment de la servir. On peut, avant de la plier en deux, y mettre une couche *de gelée de groseilles ou d'abricots*. On la baigne également de *rhum* et l'on y met *le feu à table,* ce qui est un spectacle gai. Le rhum étant quelquefois récalcitrant, voici comment on l'aide à s'enflammer : on place un morceau de sucre dans une cuillerée de rhum, au-dessus d'une allumette ou deux ; la chaleur fait prendre feu au liquide, qu'on répand sur le plat, et le rhum s'allume alors facilement.

Ma cuisinière, au lieu de faire ses omelettes suivant la méthode classique qui consiste à battre les œufs tout ensemble, fouette les blancs à part, en neige dure, qu'elle incorpore au jaune, sucré ou non ; de cette façon, l'omelette est extrêmement légère et bouffante.

Lorsque l'*omelette sucrée et vanillée* est prête à servir, elle la saupoudre de sucre, et elle passe au-dessus un pique-feu rougi qui la zèbre de rayures caramélées.

C'est l'*omelette soufflée* qui a le don de régaler les enfants. Elle se fait exactement comme la précédente, seulement on tourne deux cuillerées de sucre râpé et vanillé avec les jaunes d'œufs avant de les mélanger aux blancs, *fouettés en neige extrêmement ferme;* on place le tout sur une tourtière beurrée qu'on met à four chaud ou sous un four de campagne bien garni de braise ; *peu ou presque pas de feu dessous*. La chaleur fait monter l'omelette au bout de quelques minutes ; quand elle s'élève au-dessus de la tourtière, d'un coup de cuiller on perce sa peau (sans défourner) ; les œufs s'élancent plus haut, on les laisse encore une minute au four, on les saupoudre de sucre et l'on sert lestement, sans quoi l'omelette retombe. Trois conditions pour la bien réussir : blancs d'œufs battus très durs, bonne chaleur du four et grande vivacité d'opération.

Je me suis beaucoup étendue sur ce chapitre des œufs, parce qu'ils forment un des éléments essentiels du déjeuner français.

J'arrive à la *grillade*. Il faut à ce sujet que je dise combien importe le *choix du morceau*. Le *faux filet* est le meilleur pour beefsteak. La viande de bœuf, pour être bonne, doit être d'un rouge vif, un peu foncée, bien veinée de filaments gras et blancs. Il faut expressément défendre au boucher de l'amincir d'un coup de plat de sa hache, comme il en a la fâcheuse manie. Un *bon beefsteak,* pour conserver son jus, doit toujours avoir cinq centimètres environ d'épaisseur. Lorsqu'il est plus mince, il se nomme *tourne-dos ;* il a moins de suc et dessèche facilement. Lorsqu'il est plus épais, on l'appelle *chateaubriand,* et il se fait de préférence dans le vrai filet. Quoique le morceau soit plus cher et plus tendre, je le considère comme moins savoureux que le faux filet. Ceci est affaire de goût; j'en demande humblement pardon à l'illustre auteur des *Martyrs!*

Plusieurs personnes se font servir le rump-steak, la côte désossée, l'entrecôte. J'ai toujours plus de confiance en la tendreté du faux filet, quand le boucher le présente épais et appartenant à un bœuf gras.

Il faut, pour attendrir le morceau, frapper la viande avec un petit maillet de bois, un pilon, un objet quelconque qui la meurtrisse et brise ses fibres; mais *il ne faut pas l'aplatir*. C'est une faute que l'on commet aussi avec les *côtelettes de mouton*, lesquelles ne sont bonnes qu'autant qu'elles ont l'épaisseur du beefsteak. Le boucher doit les dégraisser, les parer, en raccourcir le manche. On les meurtrit un peu et l'on conserve leur épaisseur, faute de laquelle elles dessèchent sur le gril; on les sale et poivre sur le côté déjà grillé, et l'on ne les retourne qu'une fois. Six à huit minutes, *à feu vif*, suffisent à peu près pour cuire une belle côtelette de mouton, comme un beefsteak de même épaisseur.

Seule, l'*escalope de veau* s'aplatit. Cette

viande ne doit pas être rougeâtre : sa blancheur en indique la qualité.

Les gens qui cuisent beefsteaks ou côtelettes à la poêle sont des profanes auxquels s'applique l'aphorisme de Brillat-Savarin : « L'animal se repaît, l'homme mange ; l'homme d'esprit seul *sait* manger. » La *grillade* se fait sur un lit de braise. On évente le feu avec un éventail de plumes pour l'entretenir bien actif et chasser la fumée produite par la graisse qui tombe sur les charbons. Le *gril* est modifié aujourd'hui par un système à tirage qui entretient l'ardeur du feu et entraîne la fumée dans la cheminée. Les *grils au gaz* sont excellents : les languettes de feu placées au-dessus de la viande la saisissent admirablement, ce qui permet de garder tout le jus à l'intérieur. Par précaution, et à cause de ton inexpérience, ma chère amie, pour t'assurer de l'*à point* de cuisson d'un beefsteak, perce-le discrètement avec un petit couteau pointu. Tu glisseras un coup d'œil par la fente ; si la viande est à l'intérieur d'un rose rouge et que le sang coule, la viande sera cuite convenablement. Si la viande est bleuâtre, violacée, si elle a encore l'aspect de viande crue, il faut la laisser au feu. Rien n'est fade, écœurant et mou comme la viande incuite à ce point. Elle ne doit pas être desséchée ; il la faut saignante et non palpitante.

Les *escalopes de veau* et les *côtelettes de porc frais* se jaunissent au beurre ou à la graisse sur leurs deux faces, dans une sauteuse de cuivre étamé. On les saupoudre d'une faible cuillerée de farine qu'on laisse également roussir ; on les mouille d'un peu de vin blanc et de bouillon ; on y ajoute quelques oignons revenus, une pointe d'échalote, un petit bouquet, sel, poivre et muscade. Après les avoir couvertes et laissées mijoter quinze à vingt minutes, je conseille d'y ajouter un peu de fines herbes hachées et quelques gouttes de citron, si l'on en aime le goût. On dresse les escalopes autour d'un plat en les entremêlant de croûtes frites. On peut les paner légèrement, mais ce n'est pas indispensable.

Les puristes de table, qui n'admettent pas les sauces à déjeuner, font simplement dorer les *escalopes à la poêle,* dans peu de beurre, les panent et les servent toutes sèches avec des tranches de citron. Cependant, les éclectiques acceptent au repas du matin quelques *ragoûts* traditionnels, tels que le *haricot de mouton.* Pour le faire, les ménages économes prennent quelque bas morceau, tel celui de poitrine (trop gras), du cou (trop osseux), d'épaule (passable, mais un peu sec). Je me sers du haut du gigot de préférence, ou du filet (désossé en partie).

On fait revenir doucement des tranches de mouton et des petits oignons ; on y ajoute un roux mêlé de bouillon, un gros bouquet garni (persil, une branchette de thym, demi-feuille laurier), sel, poivre, une pincée de quatre épices, un peu d'ail et d'échalote (discrètement). On laisse *mijoter* le ragoût trente-cinq ou quarante minutes avec un couvercle hermétique. Alors on ajoute des pommes de terre *longues*, égales de grosseur, ou, à la saison, de petites pommes de terre nouvelles. Quand celles-ci sont cuites, on dégraisse, on passe et l'on sert. En été, on ajoute des carottes nouvelles, des haricots verts fins, des pois blanchis, et le haricot de mouton prend le nom plus relevé de *navarin*.

Lorsqu'on enduit une *côtelette de veau*, légèrement jaunie, d'une farce composée de mie de pain, de chair à saucisses et d'assaisonnement, qu'on l'enveloppe dans une crépine de porc ou dans un fort papier huilé, et qu'on met cette côtelette sur un gril à feu doux, on a retrouvé tout bonnement le mets inventé par « Madame de Maintenon » : la *côtelette de veau en papillote*. Elle se sert dans son papier. Un peu de gelée de viande étendue entre la côtelette de veau et la farce l'améliore infiniment.

Encore quelques plats classiques du déjeuner :

Le *foie de veau*, les *rognons de mouton* ou de *veau*, les *boudins à la poêle*, les *saucisses plates* à la *purée de pommes de terre* ou de *pois*, les *pieds de porc truffés* qu'on achète tout faits et qu'on met sur le gril quelques minutes.

Les *boudins* et les *saucisses* se picotent avec une épingle pour prévenir leur rupture et se passent simplement à la poêle dans un peu de graisse. N'y rien ajouter. Les saucisses se posent sur la purée ou sur les œufs.

Le *foie de veau* et le *rognon de veau* se coupent en tranches et se sautent, l'un comme l'autre, au vin blanc. On les passe d'abord à la poêle; on les saupoudre de farine, on les mouille d'un peu de vin blanc, on y met des fines herbes hachées, un rien de muscade râpée, sel et poivre, un soupçon de thym. On recouvre, on laisse mijoter une douzaine de minutes et l'on sert. Si ces mets cuisent longtemps, ils durcissent.

Le *foie de veau* et les *rognons* se font aussi *sautés* au beurre simplement, avec sel, poivre et persil haché. Les *rognons à la brochette* sont découpés en rondelles et enfilés alternativement avec une rondelle de lard et de jambon fumé dans un hatelet. Cette sorte de petite broche est mise au four, et on l'arrose avec un peu de lard fondu. Du jus de citron relève agréablement les rognons. Leur écueil est : 1° de durcir, ce qui arrive dès qu'ils cuisent trop (le foie aussi, d'ailleurs), et 2° de conserver une odeur désagréable, si l'on n'enlève pas bien tous les petits filaments blancs qu'ils ont à l'intérieur. Le rognon de veau est meilleur que celui de mouton.

Les *viandes froides,* restes des rôtis de la veille, bien découpées et ornées de persil, semblent avoir le suffrage des hommes en général. Les dames paraissent leur préférer un petit *raccommodage.* C'est ainsi que je conseille de mettre le *veau froid en blanquette.* Pour cela, il faut faire un roux blanc, mouillé d'eau, et dans lequel on ajoute beaucoup de petits oignons qu'on sert entiers, mais bien cuits. On y réchauffe cinq minutes les tranches de veau ; on met encore, au moment de servir, un morceau de beurre, et l'on verse la sauce en la tournant sur un jaune d'œuf.

Pour réchauffer le bœuf ou le mouton, je demande une *sauce piquante*, c'est-à-dire un roux mouillé de bouillon ou de gelée et additionné d'un filet de vinaigre. Je coupe dans la sauce, *au dernier instant,* des rondelles de cornichons. Ils perdraient leur goût s'ils allaient au feu. *La règle absolue pour les viandes rôties réchauffées, c'est qu'elles ne doivent pas rester sur le fourneau plus de trois à cinq minutes, et sans bouillir,* ou alors elles deviennent tout à fait coriaces. Quand le bœuf bouilli est réchauffé dans la sauce ci-dessus indiquée, avec beaucoup d'oignons bien cuits, on l'appelle *miroton.* Je lui préfère le *bœuf au gratin :* le *bœuf bouilli froid* est coupé en tranches, qu'on range sur un plat de cuivre étamé; on l'a préalablement beurré et enfariné. Une fois revenues, ces tranches sont mouillées de bouillon et d'un peu de vin blanc (si l'on en a). On y ajoute sel, poivre, muscade et champignons; on fait réduire au four, *mais pas dessécher;* puis on saupoudre de chapelure avant de servir (sauce courte).

Le *hachis de bœuf,* mêlé à un peu de chair à saucisses et à un œuf entier, sel, poivre, un peu d'oignon haché menu, fait de très bonnes *boulettes*. On les roule dans la farine; on les fait frire et on les sert, ou telles que, ou sur une sauce brune. Le même hachis, placé en couches alternant avec des lits de purée de pommes de terre et étendu sur un plat beurré, permet encore d'utiliser les restes de bœuf. Ce hachis sert encore de garniture à d'excellents petits *chaussons* de pâte qu'on jette à la friture.

Voici la recette de cette pâte, très bonne aussi lorsqu'on la remplit de confitures de groseilles, de fraises ou d'abricots :

Cent cinquante grammes de farine, délayée dans très peu d'eau (un quart de verre) et un grain de sel; on étend la *pâte* au rouleau, on y étale quarante grammes de beurre, on la replie en l'enfarinant; on l'aplatit de nouveau ; on y remet quarante grammes de beurre, et quand elle est à plat, on la découpe avec un verre qu'on appuie fortement dessus. Dans ces rondelles de pâte, on met du hachis, on les replie en deux en pressant seulement leurs rebords accolés afin de les souder. Une fois frits, ces petits *chaussons* sont salés ou sucrés, selon ce qu'ils contiennent. Enfin, quand il n'y a pas assez de reliefs de volaille pour les présenter en mayonnaise avec une salade verte et des œufs durs, je les utilise en *croquettes*. C'est un petit plat excellent et qu'on ne suppose pas provenir de restes !

Tu feras couper ta volaille et des champignons en petits dés; on en concassera les os et les carcasses et on les mettra dans de l'eau assaisonnée; ou mieux, dans du bouillon. Cela cuira une grande heure. Il faut bien faire réduire ce jus, l'attiédir, puis y mêler un jaune d'œuf et de la muscade. On y plonge les dés de volaille et de champignons ; quand le liquide est arrivé à consistance de gelée épaisse, on fait des petits tas du tout ; on les chapelure et l'on en forme des boulettes qu'on trempe dans un œuf entier; on pane les boulettes encore une fois. Alors tu feras frire tes croquettes à la friture chaude. L'extérieur en sera sec, l'intérieur juteux. Si à tes menus de déjeuner tu fais figurer encore les produits du marchand de comestibles, tels que tranches minces de jambon d'York, de mortadelle de Bologne, de galantine truffée, le veau piqué, la hure, et la grande tribu des pâtés, la tête de veau bouillie à l'eau, acidulée et préparée à ia vinaigrette, tu auras des éléments suffisants pour varier tes déjeuners.

Je te parlerai une autre fois du thé, du café et du chocolat, qu'on prend souvent après déjeuner, car ma lettre est bien longue déjà.

A toi.

LETTRE VIII

VOLAILLE, GIBIER

Anecdotes diverses. — Le Caveau. — La volaille, le gibier ; la manière de les choisir, de les cuire, de les truffer, de les découper. — Dinde, oie, poulet, pigeons. — Abatis de volaille. — La daube. — Poulet farci, canard id. — Lapin sauté, poulet id. — Bœuf à la mode, fricandeau. — Épaule de mouton farcie. — Ris de veau. — Filet de bœuf au jus, aux truffes, aux quenelles, aux olives, aux cèpes, aux champignons farcis. — De l'*à point* du gibier. — Perdreaux, lièvre, lapin. — Perdrix aux choux. — Civet. — Salmis. — Chevreuil, sauce poivrade.

> Je ne sais rien de détestable
> Comme un convive froid, dédaigneux et hautain,
> Qui vient s'asseoir à notre table
> Sans goût, sans désir, sans faim ;
> Qui voit passer les mets sans qu'à peine il y touche,
> Épluche tout morceau, mange du bout des dents,
> Et tremble d'approcher son verre de sa bouche.
> (Un poète gastronome.)

Tu me demandes, ma chère amie, d'où je tiens mon expérience culinaire et comment il se fait que n'ayant pas, comme quelques pédantes ménagères d'outre-Rhin, élu mes assises dans la cuisine, j'aie acquis une certaine connaissance de ce que Montaigne a appelé, d'après Rabelais, « *l'art et la science de la gueule* », et de ce qu'Alexandre Dumas père nomme « *la gaie science* ».

Cela tient à plusieurs causes : d'abord, à ce que je suis la fille d'un gourmet de l'époque de Carême, de Brillat-Savarin, du marquis de Cussy et autres illustrations de la gastronomie.

Mes parents étaient liés avec le fils de Véry, l'officier de bouche de Napoléon Ier, qui présidait, l'épée au côté, sur la terrasse des Tuileries, au dîner de son impérial maître.

Or, si l'Empereur mangeait peu lui-même, il exigeait une grande somptuosité de table dans sa maison comme dans celle des hauts dignitaires de l'Empire ; aussi Talleyrand se faisait-il gloire d'être la première fourchette de son temps, et l'archichancelier Cambacérès poussa-t-il la cuisine française à l'apogée de sa magnificence.

Un de nos écrivains contemporains des plus distingués, Anatole France, disait dernièrement que la muse du premier Empire était gastronome et brandissait le tournebroche comme un nouveau thyrse. A cette époque, « une société d'hommes d'esprit fréquentait le *Bœuf à la mode* et célébrait Comus. L'*Almanach des gourmands* était fort à la mode au commencement du siècle, et Brillat-Savarin fut, à son heure, le philosophe de la cuisine comme Désaugiers en était le chantre. »

Dieu sait les longues conversations gastronomiques dont mes oreilles ont été bercées dans ma jeunesse. Ce sujet était traité sérieusement, et la préséance de tel mets ou de tel vin avait le don d'enthousiasmer mon père, le plus fin dégustateur de la ville de Bordeaux, lequel m'a légué son palais!!!

La belle-fille du célèbre Véry, ma marraine, avait un culte non déguisé pour les choses de la table, et son maître-queux, qu'elle a conservé plus de vingt ans, a beaucoup fait pour mon éducation.

Elle avait encore parmi ses amis quelques illustres survivants de cette société du *Caveau* qui servait de prétexte de réunions à tant d'hommes distingués. C'est au dix-huitième siècle que cette assemblée avait su grouper des causeurs d'élite comme Crillon, Gresset, Helvétius, Rameau.

Ces dîners sans cérémonie avaient réalisé l'idéal de la société française. Il sortait de là des chansons qu'on redisait le lendemain, des mots heureux qui restaient. Quiconque avait de l'esprit ou savait le goûter, quiconque appréciait la chère fine, briguait d'être admis à ces tournois de la parole qu'un vin généreux et des plats vivement assaisonnés animaient d'une piquante flamme.

Les grands seigneurs eux-mêmes ayant voulu s'imposer au *Caveau,* les convives renoncèrent à leur réunion, et la société ne se reforma qu'après la Révolution. A ces repas avait seule place la gaieté qui n'inspire, — il faudrait que nos contemporains se le disent, — ni médisance, ni grossièreté, ni impiété d'aucun genre. « *La table* », ainsi comprise, « *est bien la véritable entremetteuse de l'amitié* », et chez nos amis Véry, les écrivains, les musiciens, les artistes, les *dilettanti* et les jolies femmes réunis étaient comme un dernier reflet des aimables conversations du siècle passé.

A cette époque brillait la table du docteur Véron ; Monselet publiait son *Almanach des gourmets*, et Alexandre Dumas père son superbe *Dictionnaire de cuisine*, où l'on trouve à l'article *Gourmandise :* « Science du bien vivre, à tout
« prendre, science mignonne de tous les
« hommes fins et distingués de l'univers.
« Son augmentatif est *gloutonnerie*, son
« diminutif *friandise*, du verbe ancien
« *friander ;* art hospitalier contenant
« toutes les élégances, toutes les courtoi-
« sies, qui emploie le bœuf de la prairie
« et l'alouette des champs, la glace et le
« feu, le faisan et la pomme de terre, le
« fruit, la fleur, l'or, la porcelaine, etc. ;
« seule passion qui ne laisse ni chagrin ni
« remords. »

Lorsque, dès sa jeunesse, on a été

nourrie de telles citations, on peut, — sans pousser jusqu'à outrance le culte qu'on voit rendre à la bonne chère, — se pénétrer cependant de sa valeur et, dans la mesure de ses moyens et de son milieu, protester contre la barbarie de ceux qui prétendent qu'*il ne faut pas vivre pour manger, mais seulement manger pour vivre.*

Comment n'être pas désireuse de pénétrer les faciles secrets de cet art, émule et auxiliaire de la charmante science de l'hospitalité? Mécène aurait-il été l'ami d'Horace au même degré, si celui-ci ne l'eût souvent convié à partager ses bons repas? Et tant d'hommes d'esprit se seraient-ils aussi aisément rassemblés ailleurs qu'autour d'une table fine et choisie? « C'est par les dîners qu'on gouverne les hommes », a dit un philosophe de la table.

Mais cette longue digression m'a éloignée de mes attributions techniques; il y faut revenir. Si tu le veux bien, aujourd'hui, nous causerons surtout de la volaille, du gibier et de quelques daubes.

Laisse-moi tout d'abord te parler du *poulet,* qu'on appelait autrefois *coq vierge* et qui, à mon avis, a le pas sur tous les autres volatiles comestibles.

Il le faut choisir jeune et tendre, ce qu'on juge à son aspect. Sa peau doit être fine, blanche, d'un blanc ne tirant pas sur le bleu, — le poulet serait maigre, — ni sur le jaune, — il serait vieux. S'il est gras à sa partie inférieure, s'il est ramassé et couvert de longs poils ou s'il a de gros ergots, il représente une vieille poule ou un coq bon à faire du bouillon et à manger à la « croque au sel ». Lorsqu'on pince ses filets sur la poitrine, les doigts doivent s'y imprimer facilement, et lorsqu'on arrache les plumes de ses ailerons, elles doivent céder sans peine.

Il vaut mieux, de toute façon, mais surtout si l'on n'est pas connaisseur en cette matière, avoir un marchand de confiance, car la meilleure des cuissons ne peut suppléer à la qualité naturelle de la volaille. Avant de la mettre en broche, il la faut oindre de graisse de rôti, la laisser saisir légèrement pour qu'elle soit dorée et la bien arroser. On l'essuie parfaitement avant de la saler et poivrer à l'intérieur. Si la cuisinière *s'aperçoit que le fiel, cette petite poche verte placée à côté du foie, est percée, il faut, pour éviter l'amertume, laver parfaitement l'intérieur de la volaille, la citronner légèrement et l'essuyer bien avant de l'assaisonner.* Une demi-heure ou trois quarts d'heure suffisent pour cuire à bon feu un poulet moyen.

La chair ne doit plus en être rose ni sembler détachée des os.

Le *canard*, lui, doit toujours être lavé, car il est rarement exempt d'un certain petit goût désagréable. Il demande à cuire bien moins longtemps que le poulet. Sa chair rentre dans la catégorie des viandes noires, et par conséquent il faut la manger légèrement saignante : vingt-cinq minutes de cuisson lui suffisent d'ordinaire.

Avant d'embrocher une *oie*, il faut, une couple d'heures auparavant, l'emplir de sel qu'on retire au moment de la cuire. Sans cela elle reste fade. Le sel a le défaut de rosir un peu la chair de la bête, mais, en revanche, il la relève et l'attendrit. L'oie doit être jeune et très grasse. On l'arrose avec quelques cuillerées de bouillon à mesure qu'on la dégraisse, pour avoir du jus et non de la graisse fondue dans la lèchefrite.

Lorsque la *dinde* n'est pas jeune, fine et parfaitement engraissée, elle a une espèce de goût de poisson des plus détestables. On ne la sert guère que rôtie. Elle doit son triomphe à Mme Grimod de la Reynière, qui fut, dit-on, au dix-huitième siècle, la première *à la truffer*.

Voici comment je m'y prends pour *bien truffer une volaille*. D'abord je fais baigner mes truffes cinq ou dix minutes à l'eau froide pour amollir la terre glaise qui les entoure et pour les brosser facilement. Quand l'intérieur de la bête est soigneusement nettoyé, j'y fais mettre, pour la graisser seulement, une demi-livre de ce que les charcutiers appellent *farce blanche;* c'est un peu de porc gras et maigre pilé, auquel je mêle des pelures de truffes également pilées, du sel et du poivre. Les truffes doivent revenir cinq minutes à feu doux, au gras, puis on en bourre la bête. Il faut bien truffer la poche de la volaille en avant pour qu'elle produise bon effet, la saisir à la broche ou au four, sans violence, et la faire cuire le temps qu'exige sa grosseur. Quelques personnes introduisent, pour parer la volaille, des rondelles plates de truffes sous la peau de l'estomac. Cet usage est un peu délaissé aujourd'hui. Une bonne précaution consiste à envelopper les fortes volailles dans un papier blanc bien graissé, afin d'éviter les coups de feu. Pour le *dressage* de la bête, il faut que la cuisinière regarde souvent faire le marchand de volaille, lequel, pour trousser sa marchandise, est sans égal. Même observation en passant pour le poisson.

La fine poularde truffée du Mans ou de la Bresse est plus délicate que la dinde, et le faisan s'accommode à merveille du tubercule précieux.

Il est entendu qu'*on sert les volailles rôties, sans tête, cou, pattes ni ailerons.* Il n'en est pas de même pour les volailles au jus, auxquelles on laisse le cou, les ailerons et la partie supérieure des pattes. Les *perdreaux*, les *bécasses*, les *pintades*, les *faisans* et tous les oiseaux se servent entiers et vidés préalablement, — sauf la bécasse, dont on ne retire pas les intestins.

On peut laisser les plumes sur la tête du perdreau, en l'enveloppant dans un fort papier huilé. Le faisan s'orne de son plumage lorsqu'on veut le présenter sur la table, c'est-à-dire qu'une fois cuit, à l'aide de petites chevilles, on lui replante sa tête et ses ailes déployées, de façon qu'il a l'air d'être encore vivant.

L'*oie*, volatile modeste, doit se contenter d'être bourrée de marrons grillés au préalable, épluchés et introduits dans le corps de la bête avec de la chair à saucisses, du sel et du poivre.

J'aime bien, à mon ordinaire, un petit poulet rôti, farci avec quelques foies de volaille hachés, mêlés à un peu de chair à saucisses et à de la mie de pain trempée dans un jaune d'œuf, le tout bien relevé. Ce hachis de foies dans un canard à la broche me plaît aussi. On ne doit *jamais négliger de placer quelques larges croûtons frits* bien secs sous la bête.

Les foies de canard écrasés, mis au dernier moment à cuire dans le jus de ce rôti allongé d'un peu de gelée et légèrement lié, composent une délicieuse sauce dite *à la rouennaise*.

On appelle *daube* une viande cuite dans son jus à la casserole hermétiquement close.

L'*oie*, le *poulet*, le *canard* et le *pigeon* se mangent également en *daube*.

Les *abatis de volaille* aussi.

Pour cette préparation, on fait d'abord jaunir la volaille avec du lard, on la saupoudre d'une cuillerée de farine; on ajoute à ce roux quelques oignons revenus, un bouquet garni, deux cuillerées d'eau-de-vie, du sel, du poivre, et l'on mouille de bouillon, de telle sorte que la bête y *baigne à moitié*, puis on fait mijoter longtemps : trois quarts d'heure pour les pigeons, de une heure un quart à deux heures pour le canard, deux ou trois heures pour la poule, quatre heures pour l'oie (il faut constamment dégraisser son jus et le mouiller de temps en temps).

On peut ajouter au canard, quand il est à demi cuit, des petits pois verts ou des navets blondis et demi-cuits aussi, ou encore, dix minutes avant de servir, des olives débarrassées de leurs noyaux, lesquels, cuits dans la sauce, lui donnent bon goût. Avant de la servir, avoir soin de toujours la dégraisser; ajouter quelques cuillerées de bouillon dans le gratin qui tient au fond de la casserole et le détacher si la sauce est trop courte; la laisser au contraire réduire en la découvrant, si elle est trop longue. Un demi-pied de veau bonifie beaucoup les daubes.

Je n'entrerai pas dans le détail du *découpage,* qui à lui seul constitue toute une petite science. Je te dirai seulement *grosso modo* qu'à toutes les volailles précitées on enlève en premier la cuisse, puis l'aile. On découpe les membres en deux également. On soulève ensuite les petits crochets qui tiennent à la poitrine, on la coupe encore en deux et l'on en fait autant du dos en y appuyant le couteau en travers avec force. On agit de même pour le faisan, la pintade, le perdreau; mais on laisse les membres du perdreau entiers.

Le pigeon se coupe en quatre en le tranchant nettement en long et en large ; *les oiseaux en deux* seulement, sur le sens de la longueur : telles les cailles, les bécasses, etc. Les petits oiseaux se servent entiers, avec leur barde de lard bien rissolée.

Avant d'en enlever les membres, je conseille à celui qui sert d'écuyer tranchant de *tailler des aiguillettes* sur la poitrine de l'oie, de la dinde et du canard. Ce sont des tranches minces découpées en long. Dans chaque plat, d'après nos pères, il y a le *morceau du procureur* et le *morceau du clerc;* nous appellerons *morceaux du procureur :* les aiguillettes, le blanc du poulet, du dindon, du faisan, la cuisse de l'oie et du canard.

Il est à noter en passant que le roast-beef, l'agneau, le porc, le veau, le lièvre se découpent en tranches très minces; on laisse un peu plus d'épaisseur au gigot de mouton, qu'on tranche perpendiculairement à l'os du manche.

Des assiettes et des plats attiédis doivent accompagner les mets chauds, mais spécialement l'agneau et le mouton, à cause de leur graisse, qui fige rapidement.

Lorsqu'on se sert de faïence, ne la point trop chauffer ; elle contracte mauvais goût.

Le *jus* ne se sert pas sous le rôti : il l'amollirait et en rendrait le découpage difficile. On fait des *sauciers* très commodes qui versent d'un côté le jus maigre et de l'autre le gras.

Le *poulet*, auquel je reviens, se prête à toutes sortes de combinaisons ; outre le poulet rôti et le poulet en daube, il y a principalement : le poulet au blanc, à l'estragon, et le poulet sauté à la chasseur ou à la portugaise.

Ce sont ces *recettes types* que je vais t'expliquer. Je n'ai pas la prétention, en dix lettres, d'entrer dans toutes les combinaisons qui diversifient les plats à l'infini. Les bases des combinaisons culinaires sont, en somme, peu nombreuses. Mais, comme avec sept notes de musique on peut écrire une infinité de chants, de même avec quelques données fondamentales on produit une quantité de mets considérable. Or, quand une fois tu connaîtras l'essence des choses, tu entreras aisément dans les modifications et, pénétrée des principes généraux, tu comprendras avec facilité les grimoires spéciaux qui ne sont entendus que des initiés.

Pour confectionner un *poulet à l'estragon,* il ne s'agit que d'y ajouter trois ou quatre branchettes de cette herbe odoriférante. Le *poulet au blanc* se commence également comme la daube, mais on ne le fait revenir qu'une minute, pour éviter qu'il prenne couleur, et au préalable on le frotte de jus de citron pour conserver sa blancheur. On couvre hermétiquement sa casserole d'une feuille de papier beurré, et quand la volaille est cuite, on la retire. On lie d'abord sa cuisson avec une boulette de beurre roulée dans une cuillerée de belle farine de gruau. On verse cette sauce en la tamisant sur un ou deux jaunes d'œufs. On garnit le plat de tranches minces de citron dont les bords sont dentelés, et l'on en presse quelques gouttes dans la sauce.

Le *poulet*, de même que le *lapin sauté à la chasseur*, se découpe tout cru. Les morceaux en sont lentement jaunis à la poêle, ou mieux, dans la *sauteuse de cuivre* étamé, avec du lard maigre et gras. On les saupoudre d'une cuillerée à dessert de farine. On y ajoute des oignons coupés fin et préalablement roussis. On mouille d'un bon verre de vin blanc et d'un demi-verre de bouillon. On assaisonne ferme : une pointe d'ail et d'échalote, un grain de muscade, deux clous de girofle et un bon bouquet. On couvre, on fait mijoter de trente à quarante minutes, on passe la sauce et l'on y ajoute un peu de persil haché menu. On met de petites papillotes aux membres, et, avant de dresser son plat, on en garnit les bords avec des triangles de pain grillé au beurre. Quelques personnes se contentent d'ajouter des champignons ; d'autres, un flacon de tomate au jus ; on a alors un *poulet à la portugaise*.

Je passe au *bœuf à la mode,* au *fricandeau de veau,* à l'*épaule de mouton farcie* et au *filet au jus,* qui sont ce qu'on appelle des *daubes.*

Pour le *bœuf à la mode,* je te recommande de piquer un beau morceau de tranche grasse de bœuf (bien battu), *non avec des lardons gras, mais avec du lard maigre et gras de poitrine.* La différence est grande. Une fois le morceau légèrement revenu, poudré de farine et assaisonné vivement, muni de son pied de veau et accompagné de pas mal d'oignons roussis, il le faut laisser lentement mijoter quatre ou cinq heures dans une casserole capitonnée de jambon et de lard. Il faut que la viande baigne à demi dans un verre de vin blanc, autant et plus d'eau et trois ou quatre cuillerées d'eau-de-vie. On dégraisse avant de servir, on pile la sauce et on la passe. J'exclus de ce plat les carottes classiques, parce que je n'en aime pas le goût douceâtre. Je demande beaucoup de jus, parce que le lendemain il se prend en gelée et garnit les tranches de bœuf à la mode froid, dont il fait un excellent plat de déjeuner. Le bœuf à la mode doit être excessivement cuit et se couper presque à la cuiller.

L'*épaule de mouton* est désossée par le boucher. On enlève presque toute sa chair, on n'en laisse que trois centimètres d'épaisseur environ. Le boucher hachera le reste très menu. La cuisinière mélangera ce hachis avec de la chair à saucisses, du pain trempé, un œuf, sel, poivre, aromate, ail, échalote, deux pincées de salpêtre, pour lui donner une belle couleur rouge, etc. On recoud l'épaule quand elle est farcie et on la cuit dans son jus. On y implante un os garni d'une papillote, comme celui d'un gigot.

On peut, au choix, piquer ou non le *fricandeau*. Il faut qu'il jaunisse lentement, mais qu'il devienne assez foncé ; le traiter comme une daube, mais le mouiller de très peu d'eau. A peine un verre pour deux kilos, car il ne faut pas qu'il ait l'aspect filamenteux des viandes bouillies. Sa croûte doit rester dorée et un peu sèche. On n'ajoute le bouillon ou l'eau qu'au « fur et à mesure » de sa cuisson ; jus court, brun foncé, que les os de veau rendent succulent.

Le *veau froid* n'est bon qu'avec sa gelée. Si on le prépare expressément pour être mangé froid, une fois cuit, on le foule dans un saladier à fond rond. On place sur le veau une assiette surmontée d'un poids. On verse dessus le jus, qui se prend en gelée, et le lendemain, en retournant le saladier, on obtient une pièce d'une belle forme. Ne crains pas d'assaisonner un peu vivement le veau.

Les *ris de veau* se font de la même manière, mais il faut les laisser dégorger à l'eau fraîche. On enlève d'abord les cornets, puis on pique les ris avec du lard fin, on les jaunit, on les saupoudre très légèrement de farine (une cuiller à café); on les fait cuire avec du jambon et des assaisonnements pendant une demi-heure, et l'on y ajoute de la glace de viande; — sauce très réduite, mais non épaisse. De même que le fricandeau, les ris de veau se servent, ou dans leur propre jus, auquel on peut ajouter truffes ou champignons, ou sur des petits pois, ou encore entourés d'une purée d'oseille ou de chicorée.

J'aime mieux mettre à la broche ou au four le morceau de *filet de bœuf* destiné *au jus* que de le laisser cuire à la casserole. Au dernier quart d'heure, je le soumets seulement à un court séjour dans un jus composé d'un très petit roux mouillé de glace de viande, bien assaisonné, et auquel j'ajoute soit des truffes et des quenelles achetées toutes faites chez le pâtissier (elles ont besoin de cuire dix minutes), soit des olives tournées, soit des cèpes, soit des fonds d'artichauts, soit des champignons naturels ou farcis.

Quand je *farcis les champignons*, je les prends gros, j'en retire les queues, je les pèle, je mets les pelures lavées dans mon jus, qu'on passera plus tard. Je jette à l'eau farinée et acidulée mes têtes pour qu'elles ne noircissent pas, et je les farcis, une fois ressuyées, avec un hachis de chair à saucisses, de mie de pain trempée au jus et d'un peu de viande quelconque bien assaisonnée. Je les mets au four, sur un plat beurré, quinze à vingt minutes, et j'en garnis mon filet en le servant. Même recette pour les *tomates farcies*.

Je vais terminer ma lettre par une recommandation concernant le gibier et les deux principales manières de le cuire.

Le gibier doit être faisandé, mais juste assez pour être tendre et se distinguer de la volaille par un léger fumet. Dès qu'il a dépassé l'*à point* voulu, il ne convient plus au palais du gourmet.

Pour vouloir trop souligner la différence du gibier de plume et des gallinacées vulgaires, des amateurs abusés attendent qu'il soit arrivé à un véritable degré de décomposition qui offense l'odorat.

Lorsque le ventre du faisan change légèrement de couleur, il est temps de le plumer et de l'embrocher. Ceci n'arrive au plus tôt qu'au bout de quatre à cinq jours après qu'il a cessé de vivre. Même remarque pour la bécasse.

L'hiver, un faisan met quelquefois dix ou quinze jours pour être *à point*. Le *lièvre* n'est bon qu'après trois jours; le *canard sauvage*, deux ou trois jours; le *lapin de garenne*, deux jours, et toute la volaille proprement dite exige un minimum de vingt-quatre heures pour être suffisamment mortifiée. La *caille* se doit manger toute fraîche, comme la volaille.

On reconnaît qu'*un perdreau gris est vieux*, quand ses pattes, au lieu d'avoir des écailles d'un jaune frais, les ont blanchâtres. Le *perdreau rouge*, lui, lorsqu'il est vieux, a l'extrémité de la deuxième plume de l'aile arrondie, au lieu de l'avoir blanche et pointue.

Je vais bien t'étonner, ma petite amie, en te disant que la *perdrix aux choux* n'est bonne qu'à condition qu'on ne la mange pas ! Il faut lui substituer des perdreaux rôtis, posés sur les choux longtemps blanchis d'abord, et dans lesquels la vieille bête aura mijoté, à seules fins de communiquer son goût, en compagnie de quelques cervelas sans ail, de quelques saucisses et de lard. Ces choux ne se hachent pas et s'arrosent de jus. Une fois la perdrix cuite dans ce milieu peu distingué, il faut l'abandonner à l'office; elle devient sèche, filandreuse, et n'a pas plus de goût qu'une vieille poule bouillie. C'est, tu le vois, un rôle sacrifié, comme celui d'Iphigénie ou du pélican!

Lorsqu'on ne rôtit pas le gibier, on le met en *civet* ou en *salmis*, ce qui est la même chose, ou à peu près.

Je consens difficilement, pour mon compte, à ce qu'on me fasse bouillir un beau *lièvre* pendant deux heures environ dans une sauce de *civet*. Je m'y prends différemment : d'abord, je fais piquer son râble et le marine au vin blanc avec rondelles d'oignons, sel, poivre en grains, muscade râpée, trois clous de girofle, thym, laurier, serpolet et romarin quand j'en ai. Je ne réserve à la sauce que les bas morceaux, ceux du devant de la bête. Lorsque mon râble de lièvre est *rôti* et ma sauce faite à part, je veux bien confier pendant cinq ou dix minutes à cette dernière les morceaux découpés de mon lièvre. Combien il est meilleur d'après cette méthode ! Il ne perd pas ses sucs à la broche comme en cuisant longtemps en sauce et ne ressemble pas à du bœuf bouilli.

Le *lapin de garenne* se rôtit de même.

Dans le *civet classique,* on laisse revenir les morceaux, et l'on fait une sauce au vin rouge comme pour la *matelote,* à laquelle je te renvoie (lettre III). Elle ne s'en distingue qu'en ce qu'on l'épice davantage, qu'on la fait avec la marinade et qu'on y écrase, cinq minutes avant de servir et une fois la sauce passée, le foie et le sang du lièvre. Ce sang est indispensable. S'il manque, il faut faire égorger un lapin pour s'en procurer.

Le *salmis* est un civet au vin blanc; on le sert avec ses petits oignons bien cuits, ses croûtons, ses champignons. Quelques cuisinières y mettent le feu avec un peu d'eau-de-vie au moment de le présenter.

Le salmis est utile au gibier un peu dur, soit parce qu'il est vieux, soit parce qu'il appartient à une espèce ferme, comme les *pigeons ramiers*, les *palombes*, soit parce qu'on le réchauffe.

La *bécasse* se mange rôtie, très faisandée et point vidée; c'est pour l'amateur le gibier fondant par excellence. Une fois servie à table, le gourmet l'ouvre, tartine de ses intestins une rôtie préparée à l'avance, mouillée de jus, d'une goutte de rhum et de citron ; on flambe cette croûte à la flamme d'une bougie, ou mieux d'un réchaud à esprit-de-vin. Cette rôtie constitue une des parties les plus intéressantes du plat.

J'aurai fini la plus longue de mes lettres quand j'aurai dit que le *chevreuil* doit être mariné au vin blanc pendant trois, quatre ou cinq jours, avec un peu d'huile, de sel, de poivre, d'aromates, et à l'exclusion formelle du vinaigre, qui le rend acide et commun. On le cuit un quart d'heure par livre, on l'arrose de quelques cuillerées de sa marinade, et avec le reste on compose une *sauce* dite *poivrade,* analogue à celle du filet au jus, sauf qu'on l'aiguise d'un filet de vinaigre imperceptible, d'une forte pincée de poivre moulu fraîchement, de muscade et de paprica. Cette sauce se sert avec le lièvre rôti également. L'addition d'un foie de canard écrasé la rend délicieuse.

Adieu, ma chère enfant.

LETTRE IX

LÉGUMES ET SALADES. — TERRINES ET COMPOTES.

Haricots, lentilles, fèves; manière de conserver aux légumes leur couleur verte. — Petits pois, haricots verts, choux-fleurs, salsifis, cardons, céleris. — Croûte aux champignons. — Sauce de la sole normande. — Truffes sous la serviette. — Id. aux foies gras. — Salade de légumes. — Salade inédite. — Salade japonaise. — Salade d'Alexandre Dumas. — Salades vertes. — *Terrines* de gibier, de foies gras. — Foies gras au naturel. — Foies en caisse. — Caisses de fondues au fromage. — Id. d'omelette soufflée. — Charlotte aux pommes. — Pommes entières en compote. — Id. au beurre. — Poires cuites. — Fruits cuits. — Abricots à la Condé. — Compote de marrons. — Salade d'oranges. — Macédoine de fruits.

> Les poètes aiment la bonne chère et célèbrent l'ambroisie.
> (CARÊME.)

MA CHÈRE AMIE,

D'après un traité de huit cents pages,

que j'ai lu à ton intention, et qui n'est qu'un fatras indigeste à prétentions de haute physiologie culinaire, il faudrait diviser les légumes en quatre classes : les *légumes blancs,* tels que choux-fleurs, céleris, salsifis, cardons ; les *légumes verts* (pois, haricots verts, etc.); les *légumes secs* (pois, lentilles, haricots) et les *légumes indifférents :* carottes, navets, oignons, pommes de terre. Je trouve spécialement cette dénomination mal choisie, car ces derniers légumes ne nous sont rien moins qu'*indifférents !* D'ailleurs, l'auteur ne justifie point de sa classification ; il n'indique pas les traits communs sur lesquels il se fonde pour le groupement de ses espèces, et ma longue lecture ne sert qu'à me remettre en mémoire un renseignement concernant les légumes secs, et un autre à propos des légumes verts. Les voici : les légumes séchés au soleil ou au four *doivent tremper vingt-quatre heures avant leur cuisson dans de l'eau froide : en pénétrant dans le légume sec, l'eau ordinaire remplace l'eau de végétation qu'ils ont perdue et leur restitue leur tendreté.* Il faut les mettre cuire à froid et qu'ils bouillent doucement, à pleine eau légèrement salée, pendant quatre ou cinq heures et plus; une ou deux pincées de bicarbonate de soude favorisent leur cuisson. Parmi les haricots, le *grand haricot blanc de Soissons* est le meilleur.

Il ne faut pas complètement égoutter les haricots avant de les faire sauter : il est nécessaire de laisser un peu de leur eau, qui, jointe au beurre, au persil haché et au poivre, forme une petite sauce sans laquelle les haricots sont secs et étouffants.

Jamais je ne me conformerai au vieil usage qui consiste à arroser à l'avance les haricots avec le jus du gigot, auquel la tradition les mélange; cela leur communique un goût de suif de mouton que tout le monde n'apprécie pas. Les *lentilles* doivent être larges; bien triées, car les charançons y élisent domicile; il est désagréable aussi de trouver, comme cela arrive souvent, un caillou sous sa dent, au lieu d'une lentille. On les fait sauter dans un petit roux blanc dans lequel on a haché un ou deux oignons blondis, et on leur laisse un peu d'eau de leur cuisson, comme aux haricots.

Ces derniers, quand ils sont rouges, s'accommodent parfois au vin de même couleur; dans ce cas on les met, une fois bouillis, dans un roux au lard mouillé de vin rouge et assaisonné d'aromates, où ils mijotent encore une vingtaine de minutes.

Les *fèves* se « dérobent », c'est-à-dire qu'on leur ôte non seulement leur cosse, mais encore la première peau épaisse qui les enveloppe. Elles se traitent comme les haricots blancs, mais on ajoute à leur sauce un peu de *sarriette* hachée.

Les *eaux de cuisson des lentilles et des haricots* font d'excellentes soupes maigres. On y laisse quelque peu de ces légumes entiers ou écrasés. On y peut mélanger une poignée d'oseille revenue au beurre, et, au lieu de liaison, on y laisse cuire longtemps un morceau de pain gros comme le poing qu'on tamise en servant. Un jaune d'œuf et une cuillerée de beurre achèvent de communiquer à ces potages du moelleux et du corps.

Les *pois cassés* se préparent également à l'eau salée; ils sont écrasés et passés dans la passoire à grands trous, puis mis dans la liaison indiquée pour les lentilles. Ils y cuisent en compagnie de quelques bonnes saucisses qu'on découpe ensuite en rondelles pour garnir le plat, à moins qu'on ne leur préfère les croûtons grillés.

« Chlorophylle ! » Voilà le gros mot scientifique que j'ai trouvé dans ce diable de livre dont la lecture m'a donné le mal de tête. Il indique tout bonnement la matière colorante contenue dans les légumes verts et qu'il faut préserver à tout prix. *Pour arriver à conserver cette couleur* appétissante, il est nécessaire non seulement d'aiguiser l'eau d'un peu de sel et de bicarbonate de soude, mais encore de la maintenir dans un état d'ébullition violente et à vase découvert pendant tout le temps de la cuisson (*depuis la première minute*).

Les *pois verts* se font *à l'anglaise* ou *à la française*.

La première méthode consiste à les plonger à l'eau bouillante très légèrement salée, à les égoutter et à mettre sur le plat, au milieu des petits pois, et au moment seulement de les servir, un gros morceau de beurre frais (cru) manié de persil et de très peu de sel et poivre.

Les *haricots verts,* après qu'on a soigneusement enlevé leurs filaments en les cassant à leurs extrémités, se traitent de même.

Les *pois à la française* se roulent tout crus dans du *beurre très fin;* on les place à feu doux dans une casserole avec de petits oignons frais et deux ou trois têtes de laitues. On couvre hermétiquement la casserole d'un papier beurré surmonté d'un couvercle, et l'on fait cuire de trente à quarante minutes suivant la quantité. *Cuits trop longtemps ou trop vite, les pois durcissent.* Pour ce même motif, lorsqu'on les fait à la française, il ne les faut saler (et encore très peu) qu'au dernier instant; après quoi on les saupoudre d'une cuillerée ou deux de sucre bien pilé. Il ne faut pas les lier d'un jaune d'œuf, comme le font quelques cuisinières ; cela rend le mets commun. On le sert avec une partie de l'eau qui en sort et avec les laitues et les oignons bien cuits.

Les *choux-fleurs* doivent être soigneusement inspectés, par crainte de parasites. On les divise en deux ou quatre pour les nettoyer. On les blanchit, et on les rapproche sur le plat pour leur donner l'aspect du chou-fleur entier. On les sert accompagnés d'une bonne sauce blanche, ou mieux d'une sauce hollandaise.

Ils sont plus relevés lorsqu'on les met *au gratin et au fromage*. Pour cela, on prépare une sauce blanche assez épaisse et ne contenant que peu de beurre. On pose alternativement sur un plat de porcelaine allant au feu, ou, mieux encore, sur un plat d'argent, une couche de sauce et une couche de choux-fleurs (cuits) saupoudrés de fromage de Gruyère et de parmesan, et l'on passe le tout au four pendant un quart d'heure au plus, pour faire prendre couleur. Si, avant de monter son chou-fleur, on dispose un peu de glace de viande au fond du plat et qu'on l'en entoure au moment de servir, le chou-fleur n'en sera que meilleur.

Les *salsifis* se grattent, se blanchissent et généralement sont roulés dans la pâte à frire, dont je t'ai fourni la formule (lettre III), avant d'être définitivement plongés à la friture. Je les trouve un peu insignifiants traités de la sorte, et je les préfère servis en garniture autour d'un fricandeau de veau. Son jus corsé les arrose et leur donne plus de ragoût.

Les *cardons*, les *céleris-raves* et les *céleris en branches* se blanchissent également et achèvent de cuire dans un roux à l'oignon allongé de bouillon ou de jus de viande. On coupe en morceaux ces différents légumes : les raves, comme les pommes de terre ; les cardons et les céleris, en tronçons. Les céleris-raves ainsi préparés peuvent se servir écrasés en purée.

On reconnaît que ces différents légumes sont suffisamment blanchis, lorsqu'ils fléchissent sous le doigt.

On sale et poivre les *laitues* au cœur ; on les ficelle pour qu'elles ne s'effeuillent pas, on les blanchit cinq minutes et on les accommode comme les légumes précédents.

Je passerai sous silence les plats de carottes, de navets et d'oignons, parce que j'ai intitulé l'ensemble de ces lettres « *Ma Cuisine* », et que dans ma cuisine ces végétaux n'ont jamais été élevés à la dignité de légumes proprement dits ; ils n'ont fait office que d'auxiliaires et d'assaisonnements.

Les *champignons* et les *truffes* méritent une mention plus sérieuse : ils font d'excellentes garnitures; on les emploie aussi au lieu et place des légumes.

Les *champignons* se mettent dans une timbale pareille à celle que je t'ai indiquée, lettre III, pour la timbale milanaise. Comme variante, on grille au beurre des tranches de pain dont on garnit les champignons cuits au jus ou au blanc, à la sauce brune ou à la sauce blanche; je t'ai déjà indiqué comment on les prépare (lettre IV) et combien leur pelure, cuite dans le jus, lui donne de goût. Une recommandation qu'il faut faire à ta cuisinière, c'est de *tenir très courte et assez épaisse la sauce de ses champignons,* car ils rendent énormément d'eau.

Les *truffes* se marient admirablement à la volaille, aux jus et aux sauces blanches. On les emploie avec succès dans une sauce hollandaise accompagnée de crevettes épluchées, de moules et d'huîtres.

Les filets de sole blanchis, roulés, ficelés, et accommodés à cette sauce, constituent la fameuse *sole normande*; une des plus vénérables douairières de la gastronomie.

Les *truffes* se servent *sous la serviette* ou en pyramide. On les lave, on les brosse et on les cuit au champagne.

Ce luxe est parfaitement inutile, et je préfère boire mon champagne et cuire mes truffes dans un vin blanc léger, car le champagne n'ajoute rien à leur qualité. Ce qui les élève au rang de véritable mets d'archevêque, voire de cardinal, c'est de creuser et de farcir les truffes cuites au vin avec du pâté de foies gras. (*Truffes en surprise.*)

Enfin, imitant Louis-Philippe, qui mangeait quatre assiettes de potage et une cinquième des quatre potages mélangés, je te conseille de faire une *macédoine* de presque tous les légumes que je t'ai indiqués (sauf les salsifis, les cardons), de l'assaisonner d'une mayonnaise avec ou sans moutarde ; en toute saison tu auras ainsi une bonne salade fraîche, appétissante et fort goûtée généralement ; compose-la, pour quinze à dix-huit personnes, de : une livre de pommes de terre, une ou deux carottes dans le but simplement décoratif de mettre une note vive parmi les teintes pâles des autres légumes, un quart de chou-fleur, une demi-boîte de pois, *idem* de flageolets, *idem* de haricots verts. Ajoute quelques champignons cuits, des olives tournées, et quelques truffes crues émincées.

Inutile de te dire qu'en été cette salade se fait avec des légumes frais. Elle devient plus élégante, quand on remplace une partie des pommes de terre par des fonds d'artichauts, des pointes d'asperges et des filaments de jambon.

Voici encore la *recette inédite* d'une salade fort en faveur chez moi. Je choisis et pèle un ou deux pieds de *céleri-rave*; je les coupe tout crus en rondelles plates, horizontalement, sans les déplacer autant que possible, puis je les recoupe suivant le sens de la longueur, en aiguillettes très étroites comme celles de la julienne *extrêmement* fine ; j'en fais autant de quelques truffes crues, et j'obtiens une salade très parfumée et très croquante que je pique d'une sauce moutarde un peu forte.

Une comédie de Dumas fils, *Francillon,* a rendu célèbre la *salade japonaise.* L'ingénue épouse au dénouement l'homme auquel elle a donné sa recette au premier acte. Quel triomphe pour la gastronomie et pour l'ingénuité! Cette salade se compose d'un tiers de moules cuites à l'eau, d'un tiers de pommes de terre cuites au vin blanc et d'un tiers de truffes cuites au champagne.

Il faut croire que les découvertes dans le champ des salades est de tradition dans la famille des Alexandre Dumas, car le père nous en avait déjà légué une que voici : rouelles de betterave, branches de céleri coupé, émincé de truffes, raiponces avec panache et pommes de terre. L'assaisonnement est d'un jaune d'œuf dur (par deux convives), d'huile pour les broyer, de cerfeuil, de cornichons et de blancs d'œufs hachés, d'anchois pilés, de thon écrasé; enfin, pour achever, du vinaigre, du sel et une pincée de paprica ou poivre rouge de Hongrie.

Les *laitues* s'accompagnent d'œufs durs; la mâche, de rondelles de betterave et de *céleri en branches* dont on compose aussi une salade spéciale à la moutarde.

A ce propos, je te dirai de ne pas te laisser séduire par des *moutardes* chères, annoncées à grand fracas. La plus commune, à quatre sous la livre, est la meilleure.

A la salade de chicorée l'on ajoute dans le Midi *un chapon*, c'est-à-dire une petite croûte de pain frottée d'ail. Je n'insiste pas en faveur de cette mode provinciale.

On raconte que certain Gascon, ayant pour son dîner promis un bon chapon à un ami et n'ayant pas les moyens de tenir sa promesse, affirma que c'était d'un chapon à l'ail qu'il avait entendu parler; et voilà, paraît-il, l'origine gasconne du chapon de la salade.

On n'ajoute à la *romaine*, à la *scarole*, aux *endives*, à la *barbe-de-capucin*, aux *pissenlits* et à toutes les salades vertes en général, que la *fourniture* ordinaire, c'est-à-dire (et en excluant certaines fines herbes suivant le goût de chacun) cerfeuil, pimprenelle, estragon haché, ciboulette pour ceux qui n'en craignent pas le goût persistant.

On a imaginé chez tes parents un condiment inattendu, subtil, insaisissable, qui longtemps m'a fait chercher, rêver, et pour la découverte duquel je veux rendre hommage aux inventeurs, car il est exquis : c'est une petite cuillerée à café ou deux d'absinthe. Tu me permets de divulguer ce secret de famille, puisque je t'ai livré tous les miens, n'est-ce pas ?

C'est à la campagne que j'ai fait mes premières armes dans la confection des *terrines de gibier* et de foies gras. On avait fait une telle hécatombe de lapins que je ne savais comment les déguiser pour les faire passer : soupe au lapin, lapin sur le gril (fendu en deux et aplati), lapin sauté, lapin en civet, lapin à la broche, tout avait été épuisé. Alors j'ai masqué mes bêtes en les mélangeant à d'autres viandes en terrine. Là, elles ont passé bonnement pour volaille, car leur goût se perd au milieu des tranches de jambon fumé de Bayonne et de veau bien battu, au milieu du lard, de la chair à saucisses, des pistaches et des truffes, qui constituent le fond ordinaire des pâtés. On graisse d'abord sa terrine avec du lard pilé sur lequel on dispose successivement le lapin désossé et le reste. Il faut assaisonner à part, avant de les empoter, ces divers ingrédients, auxquels on joint pas mal de sel pour le veau et le lapin seulement, et pas du tout pour le *jambon;* du poivre fraîchement moulu, du poivre en grains, de la muscade et du girofle pilé, ou mieux des quatre épices réunies, des petites aiguilles de thym et un soupçon de laurier broyé. *Il faut un peu de tout et que rien ne domine.* Des lardons sont plantés de place en place; on pose le couvercle sur la terrine. On le lute avec de la colle de pâte pour que la vapeur ne s'échappe pas, et l'on fait cuire une heure, une heure et demie, deux heures, suivant la grosseur du pâté, à four de bonne chaleur moyenne.

Pour la *terrine de foies gras,* les amateurs n'emploient que des truffes et des foies très frais. Tout hachis quelconque est proscrit sévèrement. On graisse, au plus, la terrine d'une demi-livre de « farce blanche » (en guise de lard fondu) pour un kilo et plus de foies gras trempés au lait pendant une heure, afin de les blanchir, et bien essuyés; deux cent cinquante grammes de truffes, sel et poivre. Une demi-heure à trois quarts d'heure de four doux suffit pour les proportions indiquées. On peut les réduire de moitié, et comme poids, et comme temps de cuisson, pour un petit pâté de famille.

Afin d'éviter une cuisson trop brusque,

qui noircit et dessèche le foie, *je préfère mettre mes terrines au bain-marie, pendant le double de temps et même le triple.* De cette façon les foies restent roses et ne risquent jamais de brûler. Faire attention à ce que l'eau en ébullition n'entre pas dans les terrines, et, une fois attiédies, les couvrir d'une soucoupe surmontée d'un poids pour presser les foies. Si l'on veut les conserver un peu longtemps, il faut les recouvrir de saindoux.

Les *foies gras* à la graisse d'oie ou au beurre sont fort bons *sautés au naturel,* rien qu'avec un peu de sel et poivre.

Ils sont considérés comme une entrée d'un style très relevé, cuits dans une *sauce Périgueux,* c'est-à-dire dans un jus garni de quenelles et de truffes.

On prépare aussi ces foies sauce Périgueux dans de petites caisses rondes en papier. On les beurre à l'avance et l'on y met le foie coupé en assez petits morceaux, auxquels on mélange des fragments de ris de veau, de tout petits champignons et des rognons de coq.

Il est de mode de mettre ces caisses de papier dans de petites casseroles d'argent très mignonnes.

Ces mêmes caisses de papier se garnissent encore d'une *fondue au fromage* que je fais ainsi : je délaye deux cuillerées de belle farine avec une cuillerée de beurre fondu ; j'ajoute un peu de lait jusqu'à consistance d'une bouillie pas trop épaisse, cent cinquante grammes de fromage de Gruyère et cent grammes de parmesan.

Quand cette bouillie est attiédie, j'y ajoute quatre jaunes d'œufs et quatre blancs battus en neige, et j'en garnis mes caisses beurrées, que j'enfourne pendant quinze à vingt minutes.

Ces *caisses* peuvent recevoir également

quelques cuillerées d'*omelette à souffler* qu'on fait gonfler au four. C'est un gentil entremets sucré. En râpant dans l'omelette un peu de chocolat, on obtient des *soufflés au chocolat*. Avec trois œufs, lorsque le blanc en est bien battu, on fait bien dix caisses.

Me voilà insensiblement revenue aux plats sucrés. Que veux-tu ! c'est mon faible, et, quoique je t'en aie donné déjà pas mal de recettes dans mes premières lettres, je ne veux pas terminer celle-ci sans t'indiquer encore quelques compotes. Tu pourrais t'étonner de me voir, sans ordre, passer d'un plat salé à un plat sucré, revenir à un potage pour retourner à une crème ; mais mes lettres ne sont pas un traité méthodique, tu ne les lirais pas. Elles ont été écrites au jour le jour et au fur et à mesure des besoins et des occasions. Lorsque je t'enverrai ma dernière, j'y joindrai une petite table des matières. Il aura été plus profitable à ton instruction générale d'avoir lu mes lettres une à une, et complètement, que d'avoir cherché dans un manuel un seul genre de plat.

Ne t'ai-je pas enseigné déjà comment on fait une *marmelade de pommes* (en les faisant cuire jusqu'à consistance de purée dans de l'eau sucrée et vanillée)? Eh bien, en l'introduisant dans une croûte mince de timbale, on la transforme en une *charlotte aux pommes*. Tu pourras remplacer cette timbale par des tranches de pain grillées au beurre dont tu garniras un moule. Une fois rempli avec la purée, tu le renverseras aussitôt et tu auras une autre sorte de charlotte (chaude aussi). Cette marmelade se constelle de raisins de Malaga et de Corinthe que l'on fait gonfler cinq minutes à l'eau chaude, au rhum ou au kirsch.

Je fais les belles *compotes de pommes entières avec des calvilles*. Je perce leur cœur innocent avec un vide-pommes pour en extraire les pépins. Je les frotte de jus de citron pour empêcher qu'elles noircissent. Je les blanchis à l'eau pure. Quand elles fléchissent sous le doigt, je les retire avec précaution et les range sur mon compotier. J'ajoute à leur eau du sucre et de la vanille, et je fais bouillir jusqu'à consistance de sirop. Lorsqu'il a bonne épaisseur, je le verse sur les pommes et je le laisse refroidir. Une de mes parentes m'a enseigné un petit raffinement que je goûte fort.

Il s'agit de mettre un grand macaron sous chaque pomme et d'échauder quelques amandes, lesquelles, une fois pelées et coupées en aiguillettes, servent à piquer les pommes et en font de petits hérissons blancs. Une cerise confite ou extraite d'un pot de confitures doit surmonter chaque pomme. Ceci est un plat de dessert.

Les *pommes au beurre* se mettent au four, une fois pelées, sur un plat de métal beurré. On les saupoudre de sucre quand elles sont presque cuites. On glisse dessous des tartines grillées au beurre, mais pas trop tôt, pour qu'elles ne s'amollissent pas dans le jus que tirent les pommes. On les décore aussi d'une cerise ou d'un petit carré d'angélique.

Les *poires* se font comme la compote de pommes au sirop. Quelques personnes préfèrent un sirop au vin (coupé d'eau), avec un peu de cannelle.

Les *poires au beurre* se font de même. Mais, dans le sirop de vin, où on les sert chaudes comme entremets de famille, on glisse un petit morceau de beurre frais et l'on sert brûlant, avec des croûtons frits au beurre également.

Lorsqu'il s'agit de *compotes de fruits d'été,* je laisse faire un seul bouillon aux prunes, pêches, mirabelles, cerises ou abricots, dans un sirop de sucre. Je casse les noyaux des abricots pour que leurs amandes embaument le jus des fruits. Je traite de la même façon les *groseilles,* que je ne saurais manger au naturel, à cause de leur acidité. Cependant, lorsque la groseille est belle et très mûre, je l'adoucis sans la cuire en la trempant d'abord dans un blanc d'œuf battu, et ensuite dans du sucre en poudre cristallisé.

Les *abricots à la Condé* sont des abricots cuits qu'on met en couches alternant avec du riz au lait sucré et vanillé. C'est encore un entremets.

Il n'est pas jusqu'aux humbles *marrons* qui ne fassent une excellente compote peu connue. Une fois grillés et épluchés, je les plonge dans un sirop de sucre chaud pour les amollir et les en imbiber. Quand ils sont presque froids, je les arrose d'un verre à boire plein de kirsch ou de rhum.

Qui ne connaît la traditionnelle *salade d'oranges ?*

Quand ces fruits ne sont pas tout à fait mûrs, c'est la meilleure façon de les manger. Je les coupe en rouelles, les saupoudre de sucre et les baigne d'un peu d'anisette, de kirsch ou de rhum, une heure avant le dîner.

Ce qu'on appelle *macédoine de fruits* ou *croûtes aux fruits* se fait avec toutes sortes de fruits confits. Mais lorsque je n'en ai pas sous la main, je prends la moitié de quelques pots de confitures qui en tiennent lieu, telles : cerises, fraises, abricots, prunes, mirabelles, poires d'Angleterre. Ces fruits sont chauffés un instant dans un sirop de sucre et d'eau et mouillés, au moment de les servir, de madère, de champagne ou de rhum. On place au fond du plat des tartines grillées au beurre, ou encore une couronne de brioche préalablement réchauffée au four, ou mieux, on verse les fruits dans une timbale en pâte de brioche. Quelques tranches de pommes fraîches blanchies à l'eau diminuent l'excès de douceur de la macédoine.

Lorsque, dans un grand dîner, on sert un entremets chaud, cela n'en exclut pas l'entremets froid par excellence, la glace. Le *dessert* passe ensuite, puis les fruits frais.

On appelle dessert cette quantité infiniment variée de petits fours, de fruits glacés ou fourrés et de confiserie dont la France en général, et Paris en particulier, a la spécialité.

La confiserie, a dit un gourmet classique, *cette poésie de la table*, a été mise en grand honneur par Catherine de Médicis.

Elle n'a, certes, pas décliné dans les temps présents. Depuis bien des années, elle constitue une dépense peut-être exagérée des tables contemporaines tant soit peu élégantes.

On accuse injustement les femmes d'être les seules à aimer ces douceurs. Voici une preuve du contraire :

On raconte que Lauriston ne pouvait obtenir de Louis XVIII une petite place pour le marquis de Cussy, ancien préfet de palais de Napoléon Ier. Le Roi objectait qu'il ne voulait pas protéger cet ex-serviteur de l'Empire.

Alors, M. de Lauriston eut l'heureuse idée de dire à Sa Majesté que le marquis était l'inventeur du mélange de crème, de fraises et de champagne. Aussitôt ceci ouï, le monarque écrivit de sa main royale sur la supplique : « Accordé. »

Encore un triomphe à enregistrer au compte de ce péché mignon appelé gourmandise.

Adieu, ma petite amie.

LETTRE X

TABLE ANCIENNE. — TABLE CONTEMPORAINE

Table ancienne. — Table contemporaine. — Petite histoire de la table. — Soins à donner aux vins. — Des vins. — Le bon vin conduit au ciel. — Le fromage. — Étamage et argentage. — Menu pour douze à dix-huit convives. — Le pique-nique. — Le souper. — Le thé. — Le café. — Le chocolat. — *Five o'clock tea.* — Le thé du soir.

> Celui qui reçoit ses amis et ne donne aucun soin personnel au repas qui leur est préparé n'est pas digne d'avoir des amis.
> (Brillat-Savarin.)

Ma chère amie,

Alors qu'on s'élève toujours contre le luxe contemporain, je puis te dire qu'autrefois la somptuosité, — sinon la propreté et le confort tels que nous les entendons de nos jours, — était infiniment plus grande qu'aujourd'hui. Cela est vrai des tables royales comme de celles de la bourgeoisie, que j'ai vues, dans mon enfance, couvertes de réchauds et de cloches d'argent, de bouts de table en forme de tourelle et de surtouts ouvragés, sans compter les plats, nombreux à faire souffrir les plus patients.

Après les potages, j'ai vu servir chez mes parents, les jours de gala, huit hors-d'œuvre, un ou deux poissons, quatre entrées placées d'avance sur les quatre réchauds couverts de cloches (ce qui mettait ces relevés dans un état de tiédeur humide tout à fait désagréable). Alors se présentaient les rôtis chauds et la salade, auxquels succédaient les sorbets au rhum ou au kirsch, qui terminaient le premier service. Puis, reparaissaient les quatre réchauds garnis de relevés ou d'entremets. On voyait aux extrémités du couvert ce qu'on appelait les bouts de table, c'est-à-dire les pièces froides, généralement pâtés, galantines, buissons d'écrevisses, etc. Enfin deux légumes, un ou deux entremets sucrés, la glace et le dessert, lequel, j'en conviens, était un peu moins abondant à cette époque qu'aujourd'hui.

Contrairement au cérémonial du dix-huitième siècle et du commencement du dix-neuvième, suivant lequel un repas durait trois ou quatre heures et comprenait quinze ou vingt plats, la mode actuelle n'accorde aux plus grands dîners qu'une heure ou cinq quarts d'heure, une heure et demie au plus. Le nombre des services a considérablement diminué, et le maître de la maison le plus accueillant frémirait (même pour un repas de corps) à la pensée des quarante-huit entrées servies à la table du prince de Bénévent et citées par Carême.

Les pièces d'orfèvrerie qui ornaient autrefois les tables sont remplacées par des fleurs. Au surtout d'argent a succédé la corbeille fleurie. On en met jusqu'à trois si la table est longue. Les assiettes de Chine montées en bronze doré, ou les coupes de cristal à pied pour les bonbons et les petits fours, ont remplacé les bouts de table en métal à étages superposés. Les compotiers de cristal ou de porcelaine, les buires à tête d'argent pour les vins, les menues salières de vermeil ou d'autre composition sont, avec les fleurs, les ornements du couvert.

Après avoir envahi l'appartement tout entier, le « *bibelot* » a fait de nos jours irruption dans le domaine de la table. Il lui prête sa charmante fantaisie et rompt sa symétrie solennelle. Les vieux étains, les faïences anciennes, les raviers en forme de chimère, tels que poissons ou magots creux contenant les hors-d'œuvre, les porte-couverts en porcelaine du Japon ou de la Chine, les manches de couteau en Delft ou en vieux Saxe, les salières en argenterie ancienne, les verres à boire en cristaux de Bohême ou en verre façon de Venise de couleurs variées, donnent à la table quelque chose de recherché, d'intime, d'original, qui charme la vue et donne à la maîtresse de la maison l'occasion de faire rendre à son couvert une note très personnelle.

Un bon dîner de douze à dix-huit convives comprend : le choix entre deux potages (on ne sert plus de hors-d'œuvre que dans l'intimité); un poisson entier avec une ou deux sauces, ou en timbale ; une ou deux entrées, c'est-à-dire un ou deux ragoûts ; un rôti chaud ; assez rarement, et seulement en cérémonie, des sorbets ; puis une salade avec le rôti froid :

pâté, jambon, galantine, aspic, langue ou homard en mayonnaise (ce mets reporte la salade à l'instant où l'on sert le rôti chaud) ; un légume, rarement deux ; un entremets sucré chaud et une glace.

Après le fromage, on fait passer les petits fours et les fruits glacés (quatre ou huit assiettes, douze par exception), les compotes de fruits cuits et les fruits frais. Alors, dans quelques maisons, on apporte encore le café sur la table *brossée avant le dessert, seul moment où il soit permis de laisser les convives privés d'assiettes* pendant quelques instants, et avec le café l'on donne les liqueurs.

Pour mon goût personnel, et je le crois assez général, je préfère l'usage qui consiste à prendre le café dans un boudoir, dans le cabinet du maître de la maison ou dans le salon.

Autant je tiens à ce qu'un domestique,

au moins, se tienne toujours dans la salle à manger pendant le repas, à la disposition des convives, autant il est agréable pour la compagnie, une fois le service terminé, d'être livrée à elle-même. Il faut obliger ceux ou celles qui servent à table à porter des chaussures légères qui ne fassent aucun bruit. Même dans une famille modeste, il faut interdire aux servantes l'usage du tablier bleu dans l'appartement; le tablier blanc y est de rigueur, et spécialement pendant le service de table. Le valet de chambre sert sans tablier et en gants blancs. Il est élémentaire de changer la fourchette qui a servi au poisson, et ceux qui ont plus de deux domestiques font renouveler le couvert après chaque plat.

Croirais-tu, chère amie, que l'usage de la *fourchette,* mentionné pour la première fois dans l'inventaire de Charles VI et plus tard dans celui de Gabrielle d'Estrées, ne s'est vulgarisé qu'au dix-septième siècle? Les Anglais, qui se prétendent les initiateurs de tout confort, ne l'adoptèrent cependant qu'au dix-huitième. La *bouteille* n'a remplacé la jarre de terre et l'outre de peau qu'au quatorzième. On n'a changé d'assiettes qu'au dix-huitième siècle! Et encore rien que trois fois pendant le repas au commencement du dix-neuvième, car Brillat-Savarin dit « qu'il suffit d'enlever les assiettes après le potage, au deuxième service et au dessert ». Que de progrès en peu de temps! Que la civilisation est jeune! Clément III, qui, du haut de son siège pontifical, daigna s'occuper spécialement des choses de la table, fit beaucoup pour la propreté en introduisant l'usage des serviettes. C'est depuis ce pontife qu'on emprunta à l'Église sa nappe et son *office* en détournant le mot de son sens primitif.

La nappe était frisée et gaufrée déjà sous Henri II, mais seulement chez les grands seigneurs. Aujourd'hui, on revient à cette jolie mode des entre-deux de vieille guipure sur la nappe, et le linge de table est généralement damassé de fleurs blanches ou de couleur.

C'est un absurde préjugé de croire que le calendrage ou cylindrage du linge le détériore : l'expérience m'a appris le contraire, et ce n'est plus qu'au fond des campagnes qu'on fait usage de linge uni et repassé.

Les affaires de la table ressortissaient tellement du clergé, a dit le marquis de Cussy, dans une de ses spirituelles boutades, que le schisme de Luther eut pour cause essentielle les jeûnes et les punitions de cette espèce infligées par le clergé aux

croyants d'Allemagne. « Il ne fallait donc
« pas que le pouvoir spirituel touchât
« trop fort à la cuisine, car par suite de
« cette faute la situation de l'Église fut
« changée en Europe ! »

Comme je n'ai pas l'intention, ma chère amie, de te faire un cours complet d'histoire de la table, je ne te dirai rien des repas dans l'antiquité, ni du cérémonial des ducs de Bourgogne, adopté par Charles-Quint et transmis presque intégralement à Louis XIV. Ce serait une narration intéressante, mais qui nous entraînerait trop loin. Je ne t'énumérerai pas les pièces en argent de la batterie de cuisine du Régent. Je te dirai seulement qu'on les imite aujourd'hui, mais dans un but hygiénique, en argentant fortement les casseroles à l'intérieur. On les rend ainsi plus saines et plus durables que lorsqu'elles sont étamées.

En effet, les chaudronniers peu consciencieux mêlent le plomb à l'étain pour blanchir intérieurement les ustensiles de cuisine, et les sels de plomb se dissolvent peu à peu ; les casseroles émaillées ou étamées constituent un danger pour la santé, aussi bien et même davantage que les sels de cuivre (vert-de-gris), car le mauvais goût de ces derniers décèle au moins leur présence, tandis que celle du plomb est imperceptible et échappe en général aux ménagères. Mon ami le docteur Armaingaut, de Bordeaux, m'a là-dessus monté un peu bien fort la tête, en me contant les noirceurs des sels de plomb : causes d'anémie, de chlorose et de bien d'autres indispositions.

Et maintenant un mot sur les *vins*, quoique ce département soit en général laissé au maître de la maison.

D'abord, quand le vin a voyagé en

barrique, il faut le clarifier en le bien fouettant avec quatre à six blancs d'œufs, battus en demi-neige, mêlés à une poignée de sel gris et à un demi-verre d'eau. Si le vin est foncé, on met six blancs ; s'il est léger en couleur, on en met quatre seulement. *Il ne faut sous aucun prétexte se laisser fournir d'autre colle* par le tonnelier, ni pour le vin rouge, ni pour le vin blanc. Au bout de quinze à vingt jours, on le met en bouteilles ; on choisit *un temps clair* pour cette opération. Par un temps brumeux aucun liquide n'est limpide, les corps demeurent en suspension, et l'on n'obtient pas un vin transparent. Pour des palais tant soit peu délicats, le vin a besoin d'un minimum de six mois de bouteille. Quant à moi, je n'entame jamais une pièce sans qu'elle ait un an de cave. Pas de parcimonie sur les bouchons, et que les bouteilles soient soigneusement rincées et parfaitement égouttées : ce qu'on néglige à Paris. Une économie de deux centimes sur un bouchon peut perdre un vin de prix, et l'eau restée dans le fond des bouteilles l'affaiblit. Voilà pour l'ordinaire, et j'entends qu'il soit le mieux soigné pour ne pas me causer un désagrément deux fois quotidien. Pour les vins blancs très fins, je fais rincer mes bouteilles avec un peu d'eau-de-vie simple, mais vieille, et je fais aussi bouillir mes bouchons dedans, en la coupant avec de l'eau.

C'est une erreur grossière que de faire tiédir le vin. Cela le rend détestable. En le montant la veille, la température de la salle à manger suffit pour le dégourdir.

Une fois le vin débouché, sans secousse, il faut essuyer l'intérieur du goulot pour ôter le goût de bouchon avant de le décanter dans des flacons de cristal. Il n'y a que les vins d'une vieillesse et d'une finesse exceptionnelles qui perdraient au transvasement.

Avec les huîtres on sert le vin blanc : le vin de Graves, le Barsac, le Chablis, etc. Après le potage, le Marsala, le Xérès, le Madère. Avec le poisson, le vin blanc du Rhin, ou des Graves bordelaises. Le Bordeaux, avec le premier service et le rôti (Château-Margaux, Château-Laffitte, Léoville, Cantenac, Médoc en général, ou Saint-Émilion). Les sauternes doux (Château-Yquem, la Tour-Blanche, crus de Preignac, etc.), avec la salade : ce sont les seuls vins qui supportent ce voisinage périlleux. Les Bourgogne (Clos-Vougeot, Pomard, etc.), les Côtes du Rhône (Hermitage, etc.), arrosent le pâté. Le Champagne se boit au dessert ; quant à moi, je ne le peux souffrir s'il se présente en même temps que les aliments sucrés et ne l'estime qu'en tant que boisson ordinaire. Enfin avec le dessert on donne les vins de liqueurs : le Chypre, le Tokay, le vin de Constance.

Il est entendu que cette nomenclature n'atteint pas nécessairement à chaque repas son entier développement, et qu'avec deux ou trois vins d'extra, on offre encore assez de variété pour un dîner de douze ou quinze personnes.

Mon père, un des plus fins dégustateurs de la Gironde, je le répète avec fierté, nous contait une anecdote prouvant que le bon vin conduit au ciel; la voici : Un confesseur gourmandait un pénitent sur son penchant à la dive bouteille. Mon révérend, répond le pécheur, le bon vin fait le bon sang; le bon sang donne la bonne humeur, la bonne humeur fait naître les bonnes pensées, les bonnes pensées produisent les bonnes œuvres, et les bonnes œuvres mènent l'homme au ciel. Donc, le bon vin me doit conduire au ciel ! Ainsi soit-il, dit le pasteur, abasourdi par tant de logique et de volubilité.

Les noix, les noisettes et le fromage renouvellent la sensibilité du palais émoussée par un grand repas et permettent de mieux apprécier les nuances des vins. Le *fromage* doit être choisi par une personne experte. Il ne faut pas dédaigner de faire soi-même cette acquisition. *Les fromages frais, tels le Brie et le Camembert, lorsqu'ils sont bons et à point, se reconnaissent à l'aspect lisse, brillant, crémeux et parfaitement homogène de leur pâte;* quand elle est crayeuse, blanche et brisée, un vulgaire bondon « bien fait » lui est supérieur. Le Camembert et le Brie doivent fléchir à la pression du doigt sous peine de n'être pas mûrs, le *Mont-Dore* également. *Le Brie et le Camembert double crème* sont à mon avis les maîtres fromages. Le *fromage de Gervais,* frais, à la crème, se mange le jour même de son arrivée. Le *Gruyère* et la *pâte grasse de Hollande* ne doivent pas être secs. Le *Hollande à croûte rouge,* dit *tête-de-mort,* se conserve bien à la campagne. Le *Stilton* et le *Roquefort* se mangent « faisandés »; aussi je les éloigne de ma table. Le *Cantal,* le *Gerardmer* et tant d'autres varient la liste des fromages à l'infini. Brillat-Savarin a dit : « Un dessert sans fromage est une belle à laquelle il manque un œil. » Je trouve cet aphorisme un peu outré, mais le fromage est un impérieux complément du repas.

Je t'ai parlé dans mes lettres du déjeuner et du dîner. Maintenant quelques mots sur le *souper* et le *pique-nique* de campagne tel que nous le pratiquons très souvent l'été, tantôt chez un garde de la forêt de Marly, tantôt chez un autre à Vaucresson, d'autres fois encore à Écouen dans le bois, à Poissy, aux bords de la Seine, à Sannois sur le coteau, à Mandres-les-Vallées ou au Moulin de Jarcy aux bords ombreux de l'Yerres, à la ferme de Gif dans les environs de Sceaux : partout enfin où nous sommes assurés de rencontrer une table pour nos coudes et de grands arbres pour abriter notre tête, ce qui n'empêche pas de manger sur l'herbe !

Dans tous les endroits susdits nous trouvons en général du pain, du vin et des œufs pour l'omelette traditionnelle, plus la tranquillité et fort peu des *dimancheux* qui encombrent les environs immédiats de Paris.

Si je réunis ces deux agapes de caractères bien différents, puisque le souper clôture une soirée élégante, et que le pique-nique des champs est un repas rustique, c'est qu'ils se composent à peu près de même, c'est-à-dire de plats froids.

Pour vingt-cinq à trente convives je fais préparer la veille : trois beaux poulets rôtis, — si l'on ne les peut faire qu'au dernier instant, au moment de les débrocher on les plonge cinq minutes dans un seau d'eau froide, ils n'en sont que meilleurs, — cinq à six livres de filet de bœuf ou mieux une daube de bœuf mode en gelée; une livre et demie de viande salée de Hambourg, idem de jambon d'York coupé très mince et un kilo de galantine en tranches, le tout tassé et ficelé par le marchand de comestibles pour empêcher la dessiccation. Je prépare une macédoine de légumes dans un saladier, je mets la mayonnaise dans un flacon à large goulot bien bouché. Deux ou trois homards sont quelquefois substitués à la salade; du fromage sec, des fruits qui ne craignent pas les cahots, sont emballés avec quelques bouteilles de tisane de Champagne, un flacon de cognac et trois litres de café. Celui de la campagne étant souvent redoutable, il vaut mieux, l'été, boire le sien à la glace ou chauffé au bain-marie que d'accepter celui de nos bons villageois.

Un bloc de six ou huit kilos de glace roulé dans une flanelle se place dans une caisse de sciure de bois ou dans un panier simplement; dans un autre, les provisions, quelques serviettes et des couverts de ruolz. Et l'on emporte en break ou en chemin de fer les colis précieux.

Je me souviens d'un certain jour de pique-nique (nous étions cinquante personnes) où le temps se gâta. Nous avions embauché trois musiciens italiens des cours (pas étrangères). La pluie faisait rage; nos Transteverins aussi : l'un sur sa harpe, l'autre sur son violon, et le troisième sur sa guitare, si bien que la jeunesse dansa jusqu'à la nuit sans s'apercevoir de la maussaderie du temps ; bienheureuse puissance du pique-nique !

Au souper, et suivant le nombre des convives, on présente à peu près le même menu. L'hiver, on y ajoute des consommés, des huîtres, des poissons froids, des pâtés de foies gras et du café.

Je te dirai un mot aussi des petits *thés* qui se donnent soit à cinq heures (*five o'clock tea*), soit le soir en petit comité. Il suffit pour cela d'une table légère à deux étages, sur laquelle on place le plateau garni de ses tasses, de sa théière, de son crémier et de sa bouilloire, tandis qu'un ou deux gâteaux secs, des tartines de pain noir et des sandwiches au jambon ou au foie, se rangent à l'étage inférieur.

Il faut de l'eau archibouillante pour

faire de bon thé, comme de *bon café. Pour le thé une cuillerée à café de feuilles par personne ; pour le café une cuillerée à bouche de poudre.* Si l'on est beaucoup, on affaiblit le contenu des cuillerées. La quantité de tasses d'eau bouillante doit être mesurée à l'avance et proportionnée au nombre des convives.

Chez moi le thé est remplacé par le chocolat qui y est en faveur lorsqu'il ne suit pas un grand dîner. Le *chocolat* se concasse et *ne doit pas être dissous à l'eau,* sauf par goût spécial ou par ordonnance du médecin. Il faut qu'il fonde doucement d'abord dans du *lait bouilli* (de crainte que celui-ci ne tourne). Lorsqu'il est dissous, on le fait partir à feu vif; et quand il a monté deux fois en bouillant, il le faut servir, car s'il languit au coin du feu, l'huile de cacao forme des yeux comme sur le bouillon, il rancit et tourne même.

La cuisinière ne doit pas quitter son chocolat : d'abord parce qu'il se sauve facilement dans le feu, ensuite parce que pour l'obtenir léger, mousseux et crémeux, *il faut le tourner constamment* avec un moussoir à chocolat qu'on roule entre ses mains et dont le nom indique la vertu.

Quand le *thé* est *prié*, et que les invitations dépassent le nombre douze, il vaut mieux le dresser sur la table de la salle à manger qu'on orne au milieu d'une corbeille de fleurs, si possible. On dispose un plateau à la place de la maîtresse de la maison. Il supporte une bouilloire contenant du punch préparé (on coupe de moitié eau chaude les cruchons de punch Grassot ou Potin qu'on achète tout faits), la théière, la chocolatière, le pot au lait qu'il ne faut pas oublier et qui contient de la crème ou du lait *non bouilli*. Les verres à punch et à sirop sont déposés sur deux petits plateaux; et si le nombre des invités ne dépasse pas une vingtaine, il est plus « *homely* » que la maîtresse du logis et la jeunesse fassent le service; mais au-dessus de ce nombre, un domestique supplémentaire est nécessaire.

Les gâteaux secs doivent seuls être offerts au thé : *la brioche qu'on doit tiédir au four dix minutes avant de la servir*, les biscuits, les génoises, la galette, le baba et le savarin glacé, les pâtisseries viennoises, enfin les sandwiches au jambon et au foie gras.

Les petits fours enjolivent la table, la serviette à thé est placée entre la soucoupe et l'assiette; la bouilloire chante et fume; les tasses de la Chine et du Japon mêlées aux verres de sirop que blanchit l'orgeat, que rougit la cerise ou qu'ambre l'orangeade, jettent sur le couvert des notes colorées, brillantes et gaies. Le « thé » est encore un très charmant plaisir de la table.

Avec cette dernière lettre tu trouveras un menu de famille très simple que j'ai composé cet été pour un jeune ménage. C'est le menu d'une semaine.

Je pense, chère petite amie, t'avoir mise au courant des divers cas qui peuvent se présenter pour la table des gens de bonne condition, de ceux qui savent manger sans toutefois pouvoir s'offrir un Vatel.

Pour m'excuser du peu de méthode que j'ai suivie avec toi dans ma correspondance familio-gastronomique, je pouvais souvent m'écrier, avec une vieille dame, qui cependant causait avec agrément, mais qui perdait quelquefois le fil : « Que voulais-je donc vous raconter ? » Avec un peu d'indulgence tu t'en apercevras, car si mes lettres, comme la conversation de la dame, n'ont ni grand plan ni grand ordre, les parenthèses sont néanmoins amenées, et je suis sûre que tu sauras tirer parti de mes avis.

Et pour finir, écoute ces quelques aimables conseils à donner aux femmes, et que m'inspire le souvenir d'une grande dame du commencement de ce siècle : Mes amies, occupez-vous de vos tables, soignez-en personnellement la délicatesse et l'éclat, variez les mets. Faites que vos hôtes ne cessent de se sentir dirigés par votre tact. Étendez pour les hommes la salle à manger jusqu'au salon. Votre gracieuse et invisible influence ira au cœur de tout le monde, et chacun sentira quel rôle peuvent jouer à table la politesse de l'esprit et la variété des entretiens. Cette aimable vérité luira à tous les yeux, à savoir que : un dîner bien conçu, servi avec goût à un petit nombre d'amis, sur une table ronde, arrosé de bons vins et assaisonné de vives saillies, est la fête la plus exquise, et le triomphe de l'esprit de la société.

C. ASSEROLETTE.

MENU DE FAMILLE

POUR HUIT JOURS

Les fruits d'été seront l'hiver remplacés par des fruits, tels que : pommes, poires, raisins, oranges, ou par des confitures.
Les conserves de légumes seront substituées aux légumes frais.

PREMIER JOUR

Déjeuner

Radis et beurre.
Côtelettes de mouton grillées.
Pommes de terre à la crème.
Galantine de volaille.
Salade.
Fruits

Dîner

Potage macaroni au fromage.
Homard sauce mayonnaise.
Rôti de jambon d'York froid.
Petits pois à l'anglaise.
Mousse au chocolat.
Abricots.

DEUXIÈME JOUR

Déjeuner

Beurre, anchois de Norvège.
Œufs pochés à l'impératrice,
— ou sauce maître d'hôtel,
— ou sauce tomate.
Escalopes de veau farcies aux champignons,
ou Bœuf mode froid en gelée.
Risotto ou haricots verts.
Fromage à la crème.
Cerises.

Dîner

Potage croûte au pot.
Bœuf bouilli avec la salade de concombre.
Canard rôti aux croûtons et au citron.
Laitues au jus.
Fraises.

TROISIÈME JOUR

Déjeuner

Beurre et filets de hareng.
Beefsteak aux pommes sautées.
Mortadelle de Bologne.
Salade de bœuf ou salade verte.
Fruits ou salade de groseilles au kirsch.

Dîner

Potage Saint-Germain.
Soles frites à la Colbert.
Gigot rôti.
Salade de légumes.
Crème au café.
Cassis.

QUATRIÈME JOUR

Déjeuner

Beurre et huîtres marinées.
Côtelettes de veau en papillotes.
Gigot froid sauce rémoulade.
Compote de cerises vanillées posées sur des macarons.

Dîner

Soupe au lait froid à la brioche.
Tranches fines de saumon grillé à la maître d'hôtel.
Poulet rôti.
Bœuf fumé de Hambourg.
Cèpes au lard (et non à l'huile).
Salade verte.
Tarte à la crème et aux abricots.
Fruits (groseilles à maquereau).

CINQUIÈME JOUR

Déjeuner

Radis ou olives, beurre.
Omelette aux roussettes (champignons),
— ou aux croûtons,
— ou aux pointes d'asperges.
Beefsteak aux pommes.
Poulet froid.
Salade.
Riz à la Condé (aux abricots).
Fruits (pêches).

Dîner

Potage parmentière (poireau et pommes de terre).
Poisson du jour en matelote, ou bouilli, à la sauce verte (cornichons hachés fin).
Filet de porc frais.
Salade.
Haricots panachés.
Fromage bavarois glacé.
Fruits (abricots).

SIXIÈME JOUR

Déjeuner

Sardines fraîches sur le gril.
Foie de veau sauté maître d'hôtel.
Porc froid.
Salade de haricots verts.
Compote d'abricots.
Fruits (cerises).

Dîner

Soupe à l'oseille.
Roastbeef.
Salade.
Langue fourrée froide.
Artichauts au jus (barigoule).
Poudding de cabinet froid.
Fruits (amandes vertes).

SEPTIÈME JOUR

Déjeuner

Hors-d'œuvre de poisson.
Œufs brouillés aux pointes d'asperges,
— ou aux tomates, ou au fromage,
— ou aux croûton.
Rognons en brochette au jambon,
ou Rognon de veau au vin blanc.
Roastbeef froid.
Salade de concombre ou de tomate.
Framboises et fraises.

Dîner

Potage riz à la tomate.
Thon grillé maître d'hôtel,
ou Mulet bouilli sauce blanche ou verte.
Timbale milanaise (de Julien).
Pigeon ou canard rôti, ou veau, ou gigot.
Salade de haricots verts et pommes moutarde.
Riz à l'impératrice, glacé et à l'abricot.
Pêches.

HUITIÈME JOUR

Déjeuner

Artichauts poivrade.
Navarin à tous les légumes.
Pâté de veau et jambon.
Salade.
Fruits (salade d'oranges et de fraises au cognac)

Dîner

Potage aux pâtes.
Barbue sauce blanche (ou écrevisses bordelaise).
Poulet sauté portugaise.
Reste du pâté du matin.
Petits pois.
Omelette soufflée ou au rhum.
Fruits.

TABLE ANALYTIQUE

LETTRE PREMIÈRE....... 1

LETTRE II

LE DÎNER MANQUÉ.

Le pot-au-feu. — Mets historiques. — Pâtes d'Italie et autres agréments du potage : nouilles, veloutés, purées de légumes, potages divers. — Poisson : comment on reconnaît qu'il est frais. — Le court-bouillon. — Les sauces : sauce blanche, sauce brune, sauce hollandaise, sauce béarnaise. Rôle de la farine et de la gelée dans les sauces. — Le jambon chaud. — Les épinards, l'oseille, la chicorée. — Emploi de la graisse et du beurre. — Le rôti. — Four, broche, rôtissoires diverses. — Gâteau au riz. — Caramel. — Anecdote du Célestin 11

LETTRE III

LE DÎNER MAIGRE.

Conservation du beurre frais. — La friture. — Sauce verte. — Temps nécessaire pour faire cuire les rôtis. — Homard à l'américaine et écrevisses à la bordelaise. — Les cinq cuissons du poisson : frit, bouilli, grillé, au gratin, en matelote. — Moules, coquillages. — Sauce mayonnaise ; remède quand elle tourne. — La maître d'hôtel. Sauce crevette. — Sauce génevoise. — Légumes frits. — La pâte à frire. — La crème en petits pots. — Crème au café, à la vanille, au chocolat. — Crème anglaise. — Œufs à la neige. — Comment on remédie aux crèmes tournées. — Ile flottante. — L'aiguière substituée aux rince-bouche. — Histoire des curés de Coulevey. 41

LETTRE IV

ROSCH-HASCHANNAH.

Cuisine mosaïque. — Usages israélites. — Potage aux boulettes. — Cornichons à l'eau. — Harengs marinés, salades de concombres, salades de tomates, de betteraves. — Saumon fumé. — Carpe à la juive. — Soins pour empêcher les champignons de noircir. — Poitrine d'oie. — Bœuf et langue salés. — Langue merveilleuse. — Gelée. — Choux et haricots verts à l'alsacienne. — Choucroute. — Schaleth aux pommes. — Pouding Kouguel. —

Crèmes sans lait. — Lait d'amande. — Le nez de l'abbé Laroque. — Le Juif polonais et le saumon... 69

LETTRE V

LES REPAS A LA CAMPAGNE.

Les conserves. — Leur emploi. — Conserves de poisson, de homard, de légumes, d'ananas, de plum-puddings. — Sauce sambaglione. — Le confit : d'oie, de porc, de dinde. — Morue sèche. Brandade. — Un mot sur la cuisine des peuples voisins. — Le rosbif à l'anglaise. — Les pommes de terre. — Le macaroni et le riz. — Timbale milanaise. —Sauce tomate. — Poule à la chipolata. — Gigot mariné. — Cèpes. — Fromage à la crème... 95

LETTRE VI

LES REPAS A LA CAMPAGNE (*suite*).

Beurre à la minute. — Crêpes. — Artichauts sur le gril. — Artichauts à la barigoule. — Biscuits de Savoie. — Galette. — Butterkuchen. — Quatre-quarts. — Tarte à la crème. — Pâte pour les tartes aux fruits. — Inconvénients du four pour la cuisson de la pâtisserie. — La glace. — La crème fouettée. — Fromage bavarois glacé. — Mousse au chocolat. — Mousse à la pomme. — Riz à l'impératrice. — Charlotte russe. — Mont-Blanc. — Gelées à la liqueur. — Soins à donner au démoulage. — Les aspics ou chaufroix : de poisson, de volaille, de foies gras, à la crème fouettée. — La gelée de viande et de volaille... 119

LETTRE VII

LE DÉJEUNER.

Le déjeuner et le dîner. — Soins à donner à la table, à l'argenterie, à la vaisselle. — Les œufs : signe de leur fraîcheur. — Manière de bien faire les œufs sur le plat. — Œufs brouillés, pochés, à l'impératrice, à la tomate, à l'oignon, durs, en salade, à la Béchamel, à la tripe, farcis, au beurre noir. — Omelettes : au lard, à l'oseille, etc., au sucre, au rhum, à la confiture, soufflée. — Choix de la viande. — Grillade. — Beefsteaks. — Escalopes de veau. — Côtelettes de porc. — Côtelettes de veau en papillotes. — Haricot de mouton. — Navarin. — Foie. — Rognons. — Mayonnaise de poulet. — Boudins, saucisses, pieds de porc. — Viande froide. — Jambon. — Galantine. — Mortadelle. — Rillettes. — Tête de veau. — Un mot sur l'art d'accommoder les restes............................. 145

LETTRE VIII

VOLAILLE, GIBIER.

Anecdotes diverses. — Le Caveau. — La volaille, le gibier, la manière de les choisir, de les cuire, de les truffer, de les découper. — Dinde, oie, poulet, pigeons. — Abatis de volaille. — La daube.

— Poulet farci, canard id. — Lapin sauté, poulet id. — Bœuf à la mode, fricandeau. — Épaule de mouton farcie. — Ris de veau. — Filet de bœuf au jus, aux truffes, aux quenelles, aux olives, aux cèpes, aux champignons farcis. — De l'*à point* du gibier. — Perdreaux, lièvre, lapin. — Perdrix aux choux. — Civet. — Salmis. — Chevreuil, sauce poivrade................ 179

LETTRE IX

LÉGUMES ET SALADES. — TERRINES ET COMPOTES.

Haricots, lentilles, fèves; manière de conserver aux légumes leur couleur verte. — Petits pois, haricots verts, choux-fleurs, salsifis, cardons, céleris. — Croûte aux champignons. — Sauce de la sole normande. — Truffes sous la serviette. — Id. aux foies gras. — Salade de légumes. — Salade inédite. — Salade japonaise. — Salade d'Alexandre Dumas. — Salades vertes. — *Terrines* de gibier, de foies gras. — Foies gras au naturel. — Foies en caisses. — Caisse de fondues au fromage. — Id. d'omelette soufflée. — Charlotte aux pommes. — Pommes entières en compote. — Id. au beurre. — Poires cuites. — Fruits cuits. — Abricots à la Condé. — Compote de marrons. — Salade d'oranges. — Macédoine de fruits........................ 211

LETTRE X

TABLE ANCIENNE. — TABLE CONTEMPORAINE.

Table ancienne. — Table contemporaine. — Petite histoire de la table. — Soins à donner aux vins. — Des vins. — Le bon vin conduit au ciel. — Le fromage. — Étamage et argentage. — Menu pour douze à dix-huit convives. — Le pique-nique. — Le souper. — Le thé. — Le café. — Le chocolat. — Five o'clock tea. — Le thé du soir.................................... 241

Menu de famille pour huit jours............ 269

TABLE ALPHABÉTIQUE

A

Abatis.	193
Abricots à la Condé.	236
Agrippine.	3
Aiguière.	66
Alberoni.	15
Alose.	53
Ananas.	101
Anguille.	54
Argenterie (soins à donner à l').	155, 156
Artichauts.	123, 124
Aspic de foies gras.	138
— de homards.	138
— de volaille.	138

B

Bécasses.	209
Beefsteak.	165
Betteraves confites.	79

Beurre à la minute.................... 120
Beurre (conservation)................. 42
Bibelots.............................. 244
Biscuits de Savoie 124
Blanc................................. 56
Blanchir (les légumes)................ 45
Blanquette de veau.................... 173
Bœuf bouilli froid.................... 174
— au gratin........................... 174
— en hachis........................... 175
— à la mode........................... 200
— (filet de).......................... 203
Boudin................................ 171
Bouillon.............................. 16
Boulettes pour la soupe............... 74
Boulettes de bœuf haché............... 175
Brioche............................... 264
Butterkuchen.......................... 126

C

Caille................................ 206
Canard................................ 188
Caramel............................... 37
Cardons............................... 219
Carrelet.............................. 54
Carpe................................. 54
Carpe (à la juive).................... 79
Carrés à la reine..................... 17
— de mouton à la Conti................ 4
Céleris............................... 219
Cèpes................................. 117
Champignons........................... 221
— farcis.............................. 204

Champignons (pour qu'ils ne noircissent pas).	80
Chapon à l'ail	226
Charles X	14
Charlotte aux pommes	233
Charlotte russe	136
Chateaubriand	165
Chaufroix	139
Chaussons	175
Chevreuil	209, 210
Chicorée	30
Chocolat	261
Choux à l'alsacienne	86
Choucroute	86
Choux-fleurs	218
Civet	207, 208
Colle pour le vin	252
Cléopâtre	3
Clovis	56
Compotes en général	236
— de pommes	234
— de marrons	236
Confit d'oie	98
Confit d'oie, de dinde, etc.	90
Conserves de légumes	97
Cornichons à l'eau	75
Côtelettes	166
Côtelettes de veau	171
Court-bouillon	22
Crème anglaise	63
Crème	60 à 62
— au café	62
— au chocolat	62
— fouettée	131, 132
— renversée	62

Crème tournée (remède) 63
Crêpes 121, 122
Croquettes de pommes de terre 108
Croquettes de volailles 176
Croûte aux fruits 237
Croûte à timbale 113
Cuisinière 6

D

Daube 192
Découpage 194, 195
Déjeuner .... 145 à 148
Démoulage 134
Dinde 189
Dressage de la volaille 189, 190, 192
Dumas (Alexandre) 184
Dumas (fils) 224

E

Échaudés 142
Écrevisses 51
Épaule de mouton 201
Éperlans 54
Épinards 28
Escalopes de veau 168
— à la poêle 169
Ésope 46

F

Faisan 205
Farine (son rôle) 23

Favart... 142
Fèves.. 214
Filets de soles.................................... 54
Foie de veau....................................... 172
   — gras.. 230
   — en caisse................................... 230
   — sautés...................................... 230
   — sauté Périgueux............................. 230
Fondue au fromage.................................. 231
Four... 128
Fricandeau... 201
Friture.. 48
Fromages.................................... 256 à 259
Fromage à la crème................................. 118
Fromage bavarois glacé............................. 135

G

Galette.. 125
Gâteau de riz...................................... 36
Gelée de viande....................... 85, 140 à 142
Gelées à la liqueur................................ 130
Gibier...................................... 205 à 211
Gigot.. 116
Glace.............................. 129, 130, 260
Goujons.. 54
Graisse.. 31
Gril... 167
Grillades.. 164
Groseilles... 236

H

Hareng grillé...................................... 53

Hareng mariné 77
— à l'huile 78
Haricots 87, 217
Haricot de mouton 169, 170
Haricots de Soissons 213
Homard 50
Huile 57

I

Ile flottante 65

J

Jambon 28, 228
Jean-Jacques Rousseau 161
Jus 196

K

Kouguel 87

L

Lapin 198, 227
Lait d'amande 90
Laitues 220
Lamproies (conserves) 99
Langue de bœuf salée 83
Langue merveilleuse 84
Légumes .... 35, 211 à 225
Lentilles 214
Liaison 27
Lièvre (rôti en civet) 207, 208

Limandes 54
Louis XVIII 14

M

Macaroni 109
Maquereau 53, 55
Maintenon (côtelettes) 4, 171
Maître d'hôtel 49
Marinière 57
Marmelade de pommes 233
Marrons (compote de) 237
Matelote 55
Menus .... 269 à 275
Merlan 54
Miroton 174
Molière 5
Mont-Blanc 136
Morue 100
Morue (brandade) 101
Moules 56
Mousse au chocolat 132
Mousse aux pommes 133
Moutarde 226
Mulet farci 53

N

Navarin 170
Nouilles 18, 19

O

Omelettes 161

Omelette en caisse, soufflée.................. 232
— à la confiture.................... 162
— fines herbes................... 162
— au lard...................... 162
— à l'oseille.................... 162
— soufflée..................... 163
— au rhum..................... 162
Œufs à la coque 154
— Béchamel.................... 160
— beurre noir.................. 160
— brouillés.................... 158
— impératrice (à l')............ 159
— pochés...................... 158
— tripe (à la)................. 160
— à la neige................... 64
Oie................................ 188, 191
Oseille............................ 30

P

Pâte à frire........................ 59
Pâte feuilletée brisée.............. 126
Pâtisserie (sa cuisson)............. 128
Perdreaux.......................... 206
Perdrix aux choux.................. 206
Pique-nique........................ 257 à 261
Plum-pudding....................... 102
Poires en compote.................. 235
— au beurre.................... 235
Poisson............................ 22, 53, 55
Poitrine d'oie fumée............... 76
Pois cassés (en purée)............. 215
Pois (petits)...................... 215 à 217
Pommes au beurre................... 235

Poires au beurre 235
Pommes de terre......... 59, 100, 106, 108, 109
Pot-au-feu............................ 13, 14, 53
Potage aux boulettes 74
— d'œufs émiettés 18
— bisque 44
— à l'oseille 46
— velouté 17
Poule chipolata.................................. 116
Poulet au blanc.................................. 197
— à la chasseur..................... 198
— à l'estragon...................... 197
— à la portugaise................... 199
Poulet.................... 186, 187, 197, 198
Poulette (sauce)................................. 57
Punch.. 263
Purée de légumes 20, 21

Q

Quatre-quarts (gâteau).......................... 127

R

Ragoût.. 169
Restes (art d'accommoder les)............ 173 à 177
Riz à l'italienne................................ 114
Riz à l'égyptienne, à la turque........... 114, 115
Riz (gâteau de).................................. 36
Riz à l'impératrice..................... 133, 135
Rognons de mouton, de veau...................... 172
Rosbif... 104
Rôti.. 32, 34
Roux... 28
Royans... 53

S

Sablé (Madame de)		3
Salmis		208
Salsifis		219
Salades en général	223,	227
— d'Alexandre Dumas		225
— de céleris-raves		224
— de concombres		78
— japonaise		224
— d'oranges		237
Sardanapale		137
Sardines		53
Sauces en général	23 à	28
— béarnaise		26
— blanche	23,	24
— brune		28
— crevettes		53
— génevoise		53
— hollandaise		25
— maître d'hôtel		49
— marinière	56,	57
— mayonnaise		57
— poulette	56,	57
— rémoulade		58
— — rouennaise		192
— sambaglione		102
— tomate		115
— — tournée (remède à la)		59
— verte		50
Saucisses		172
Saumon fumé		76
— grillé		53
Sauteuse		108

Schaleth aux pommes 89
Sénac de Meilhan...................... 15
Sole Colbert.......................... 45
Sole normande (filets de)............... 54
Soubise (purée) 4
Soupe aux choux 20
Soupe grasse...................... 13, 14
— maigres 45, 46
— à l'oignon..................... 15
— à l'oseille..................... 45
Souper................................ 261
Stanislas Leczinski.................... 15

T

Tarte à la crème...................... 128
— aux fruits 129
Terrines de gibier................ 227, 229
Thé............................ 261, 263
Thon................................. 53
Timbale milanaise 112
Tomates farcies....................... 204
— en salade 78
Tourteaux............................ 55
Truffes..................... 190, 221, 222

V

Veau froid............................ 202
Veau (ris de)......................... 202
Velouté (potage)...................... 17
Véry............................ 180, 182

Viande froide.................................... 173
Viande salée de Hambourg 81
Viande réchauffée..................... 173 à 177
Vins............................. 251 à 255
Volaille truffée............................ 189

PARIS. TYP. E. PLON, NOURRIT ET Cie, RUE GARANCIÈRE, 8.

MAISONS RECOMMANDÉES

53 RÉCOMPENSES

Dont 14 Diplômes d'honneur et 15 Médailles d'or

Un demi-siècle de succès !!!

ALCOOL DE MENTHE
DE RICQLÈS

BIEN SUPÉRIEUR A TOUS LES PRODUITS SIMILAIRES

Formant, au *moyen de quelques gouttes* dans un verre d'eau, une boisson délicieuse, saine, rafraîchissante et peu coûteuse.

A plus forte dose, INFAILLIBLE contre les indigestions, étourdissements, maux d'estomac, de cœur, de nerfs, de tête, etc.

Il est en même temps excellent pour les dents, la bouche et tous les soins de la Toilette.

Les nouvelles **PASTILLES** à la Menthe de **RICQLÈS** constituent un bonbon digestif donnant à la bouche une sensation de fraîcheur agréable.

Se vend chez les pharmaciens et dans les maisons de parfumerie et d'épicerie fine.

FABRIQUE A LYON, 9, COURS D'HERBOUVILLE

Dépôt central à Paris, 41, rue Richer

Se méfier des imitations et exiger sur chaque flacon la signature de l'inventeur H. de Ricqlès.

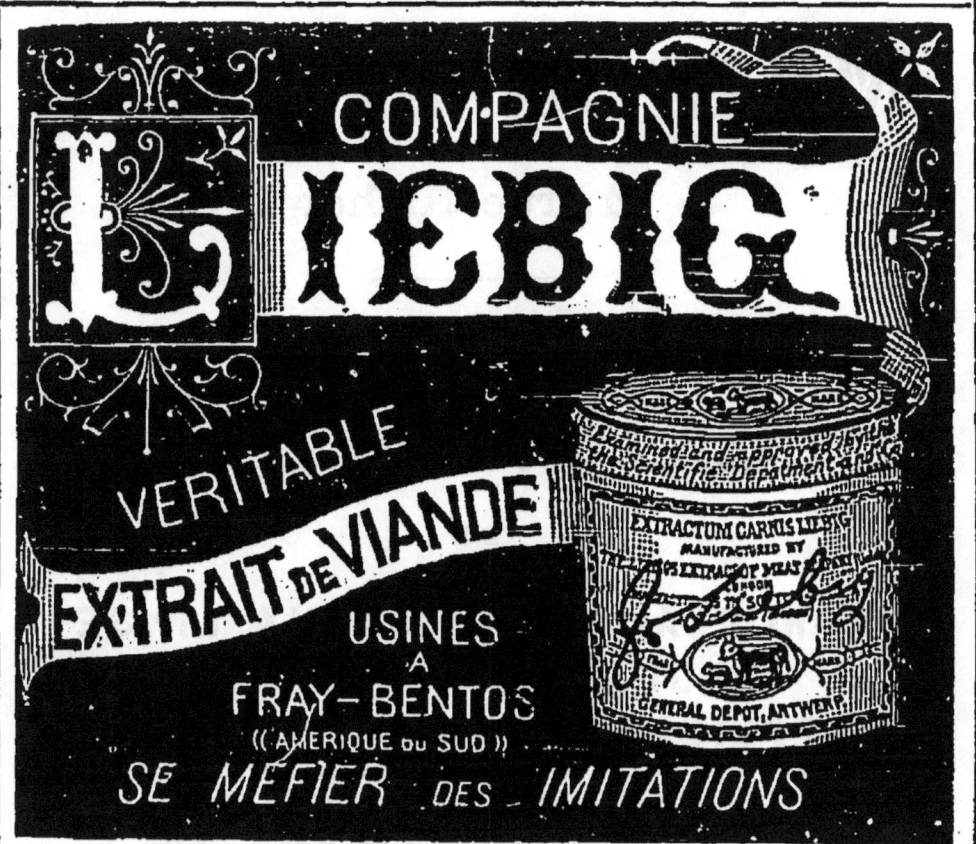

L'extrait de viande Liebig est précieux pour préparer à tout instant des bouillons et toutes sortes de mets. Il renferme sous un très petit volume toutes les parties solubles de la viande de bœuf. C'est un excellent réconfortant pour les personnes affaiblies et les convalescents. Son emploi est d'une réelle économie dans les ménages où l'on ne peut pas faire chaque jour le pot-au-feu, et il remplace avantageusement les jus de viande que l'on n'a pas toujours sous la main. Cet extrait se conserve indéfiniment. — Les plus hautes récompenses lui ont été décernées aux grandes Expositions internationales depuis 1867. — Hors concours depuis 1885.

Il faut se méfier des imitations qui se vendent à moindre prix et exiger sur l'étiquette de chaque pot la signature, en encre bleue, de l'inventeur.

MAISON JALLOT

41, rue Richer

LOCATION

DE

PORCELAINES, CRISTAUX, LINGE
ARGENTERIE, LUSTRES
APPLIQUES, CHAISES DORÉES
ET ORDINAIRES
TENTURES, PORTIÈRES, etc.

POUR

DINERS, BALS
SOIRÉES, BANQUETS

POUR PARIS ET LA CAMPAGNE

Prix modérés

LOCATION DE MEUBLES & LITERIE

CHARVIN

20, 22, 24, 26, Passage Choiseul

Maison recommandée pour la fourniture de Lunchs, Dîners, Soupers, Soirées et Bals.

**Pâtisserie, Vins, Sirops, Conserves
Liqueurs, Cuisine soignée
Grande variété de Plats nouveaux
et de Glaces nouvelles
Matériel et bons Maîtres d'hôtel**

DINERS SUR DEVIS

DEPUIS **6** COUVERTS

CATALOGUE DÉTAILLÉ

SUR LEQUEL ON REMARQUE LA

CROUSTADE CHARVIN

Récompensée à l'Exposition culinaire.

Expéditions en province.

BEURRE, ŒUFS
&
FROMAGES
Gros et Détail

M^{on} NORTIER F^{ois}
LÉON NORTIER
SUCCESSEUR

10, rue Coquillière

SERVICE SPÉCIAL DE DÉTAIL

LIVRAISON A DOMICILE
LES MERCREDIS ET SAMEDIS

Prix de gros

TÉLÉPHONE

www.ingramcontent.com/pod-product-compliance
Lightning Source LLC
Chambersburg PA
CBHW071128160426
43196CB00011B/1831